[FÉDÉR]ATION INTERNATIONALE DE LAITERIE

[SI]ÈGE SOCIAL : 31, RUE JOURDAN, BRUXELLES

COMITÉ FRANÇAIS

SIÈGE SOCIAL : 61, BOULEVARD BARBÈS, PARIS (18e)

Téléphone : 434-83

2e CONGRÈS INTERNATIONAL DE LAITERIE

PARIS, 16-19 OCTOBRE 1905

SORBONNE ET COLLÈGE DE FRANCE

Guide des Congressistes

PUBLIÉ AU NOM DU COMITÉ

PAR **J. TROUDE**

Ingénieur Agronome

Secrétaire de la Fédération Internationale de Laiterie

Secrétaire général du Congrès.

PRIX : **1** FRANC

PARIS

IMPRIMERIE P. DUBREUIL

18, RUE CLAUZEL, 18

FÉDÉRATION INTERNATIONALE DE LAITERIE

SIÈGE SOCIAL : 31, RUE JOURDAN, BRUXELLES

COMITÉ FRANÇAIS

SIÈGE SOCIAL : 61, BOULEVARD BARBÈS, PARIS (18e)

Téléphone : 434-83

2e CONGRÈS INTERNATIONAL DE LAITERIE

PARIS, 16-19 OCTOBRE 1905

SORBONNE ET COLLÈGE DE FRANCE

Guide des Congressistes

PUBLIÉ AU NOM DU COMITÉ

PAR J. TROUDE

Ingénieur Agronome

Secrétaire de la Fédération Internationale de Laiterie

Secrétaire général du Congrès.

PARIS

IMPRIMERIE P. DUBREUIL

18, RUE CLAUZEL, 18

Fédération Internationale de Laiterie

COMPOSITION DU BUREAU PERMANENT

Le Bureau international permanent de la Fédération, élu dans l'Assemblée générale du 1er Congrès International, le 11 septembre 1903, était ainsi composé :

Président : M. le baron PEERS DE NIEUWBURG, président de la Société Nationale de Laiterie de Belgique, au château d'Ootscamp.

DÉLÉGUÉS

Allemagne : M. C. BOYSEN, conseiller économique, à Hambourg, Kampfstrasse, 46 ;

Autriche : M. Maximilien RIPPER, assistant à la station expérimentale de chimie agricole de Vienne ;

Belgique : M. Paul DE VUYST, inspecteur de l'Agriculture, à Bruxelles ;

Danemark : M. Bernhard BOGGILD, professeur à l'Ecole agricole et vétérinaire de Copenhague ;

Espagne : M. J. FLOREZ Y POSADA, Conde Aranda, 13, Madrid (*Délégué provisoire*) ;

Etats-Unis : M. Ed. H. WEBSTER, chef de la division de laiterie, au Ministère de l'Agriculture, à Washington City ;

France : M. le Dr H. RICARD, sénateur de la Côte-d'Or, à Paris ;

Grande-Bretagne : N... ;

Grand-Duché : M. ASCHMAN, directeur de la station agronomique du Grand-Duché, à Ettelbruck ;

Hongrie : M. Thomas de SZILY, inspecteur général de l'Industrie laitière de Hongrie au Ministère de l'Agriculture, à Buda-Pesth ;

Italie : M. Carlo BESANA, directeur de la station laitière de Lodi ;

Pays-Bas : M. le Dr N. P. WYSMAN, professeur à l'Université de Leyde ;

République Argentine : M. Belisario J. MONTERO, consul général de la République Argentine, 12, rue Van Moer, à Bruxelles, Belgique ;

Russie : M. KALANTAR, expert en laiterie, attaché au Ministère de l'Agriculture, à Saint-Pétersbourg ;

Suède : M. Ch. BARTHEL, directeur du laboratoire de la Société Alfa-Laval, à Hamra ;

Suisse : M. le Dr N. GERBER, chimiste, à Zurich.

SECRÉTAIRES :

M.r L. GEDOELST, professeur à l'Ecole vétérinaire de l'Etat, à Bruxelles ;

M. Arm. COLLARD-BOVY, professeur à l'Institut agronomique de Buenos-Ayres ;

M. le baron COLLOT D'ESCURY, K. J. R. G., à Kloosterzande (Hollande) ;

M. Otto KASDORF, ingénieur, à Vienne ;

M. J. TROUDE, professeur à l'Ecole Nationale des Industries agricoles de Douai, à Paris.

Le Bureau permanent, dans sa troisième séance, tenue à Bruxelles, le 22 avril 1904, a désigné en qualité de :

1° *Délégué provisoire* pour la Grande-Bretagne, M. LLOYD-BAKER GRANVILLE (E.), délégué au Congrès de Bruxelles de la Société « Baand West of England », à Hardwicke Court (Gloucester), en remplacement de M. W. P. COYNE, décédé ;

2° *Secrétaire général provisoire*, M. L. GEDOELST, en remplacement de M. COLLARD-BOVY, nommé professeur, à l'Institut agronomique de Buenos-Ayres. M. Collard-Bovy a été élu secrétaire général honoraire de la Fédération.

EXTRAITS DES STATUTS

CONSTITUTION

Article premier. — A l'initiative du premier Congrès International de Laiterie, il est fondé une Fédération Internationale de Laiterie.

BUT.

Art. 2. — La Fédération Internationale de Laiterie se propose comme but : le développement universel des intérêts scientifiques et techniques de l'industrie laitière, notamment : 1° en poussant aux progrès scientifiques de l'industrie laitière par la mise à l'étude des questions relatives à la technique laitière sous ses divers aspects ; 2° en prenant l'initiative de la propagande en faveur des mesures législatives pour assurer la régularité du commerce des produits laitiers.

La Fédération s'interdit toute ingérence dans les questions relatives au régime économique des divers pays.

MOYENS D'ACTION

Art. 3. — Pour arriver à ses fins, la Fédération mettra en œuvre les moyens suivants :

1° L'organisation de congrès internationaux de laiterie qui se tiendront successivement en divers pays et où se discuteront les problèmes laitiers d'actualité ;

2° L'initiative auprès des gouvernements pour provoquer des conventions internationales, notamment pour décider des mesures à édicter dans les divers pays afin d'enrayer la fraude et d'assurer l'hygiène des produits ;

3° L'organisation d'expositions internationales laitières annexées aux Congrès ;

4° Récompense des œuvres les plus méritoires au point de vue de leurs effets sur les progrès de l'industrie laitière ;

5° L'établissement, dans les principaux centres de vente et sous le contrôle de la Fédération, de commissions spéciales de renseignements chargées d'éclairer le marché international sur les conditions des transactions ;

6° La publication d'un bulletin destiné à tenir les membres au courant des actes de la Fédération, et, éventuellement, publication d'une revue signalant les découvertes, progrès réalisés, les cours et renseignements divers relatifs à l'état du marché international.

ADMINISTRATION DE LA FÉDÉRATION

Art. 7. — La Fédération Internationale est administrée par une *commission internationale*, formée des *comités nationaux*. Ceux-ci sont nommés suivant des règlements d'ordre intérieurs propres à chaque nation.

A défaut d'organisation, dans un pays, d'un comité national, le bureau international prendra l'initiative de sa constitution.

Art. 8. — La commission laitière internationale est représentée par un *bureau international* permanent, chargé d'assurer la bonne marche des divers travaux de la Fédération.

Art. 9. — Le bureau international permanent a son siège à Bruxelles. Il comprend un délégué de chaque comité national et cinq secrétaires.

2e CONGRÈS INTERNATIONAL DE LAITERIE

L'Assemblée plénière du 1er Congrès International de Laiterie a décidé à l'unanimité, qu'une seconde réunion Internationale de Laiterie aurait lieu à Paris, en 1905. Conformément aux statuts de la Fédération, l'organisation du 2e Congrès et de l'Exposition a été confiée au Comité français, présidé par M. le Dr Henri Ricard, sénateur de la Côte-d'Or.

EXTRAIT

du Journal Officiel de la République française

N° DU DIMANCHE 14 MAI 1905

LOI portant ouverture au Ministre de l'Agriculture, sur l'exercice 1905, d'un crédit de 43.000 fr. pour l'organisation, à Paris, d'une Exposition Internationale et d'un Congrès International de Laiterie.

Le Sénat et la Chambre des députés ont adopté,

Le Président de la République promulgue la loi dont la teneur suit :

Article unique. — Il est ouvert au Ministre de l'Agriculture, en addition aux crédits provisoires alloués par les lois des 28 décembre 1904, 28 janvier et 29 mars 1905 pour les dépenses du budget général de l'exercice 1905, un crédit extraordinaire de quarante-trois mille francs (43.000 fr.) qui sera inscrit à un chapitre spécial portant le n° 35 *ter* et ainsi libellé : « Congrès International de Laiterie en 1905. »

La présente loi, délibérée et adoptée par le Sénat et par la Chambre des députés, sera exécutée comme loi de l'Etat.

Fait à la Bégude-de-Mazenc, le 11 mai 1905.

EMILE LOUBET.

Par le Président de la République :

Le Président du Conseil, Ministre des Finances,

ROUVIER.

Le Ministre de l'Agriculture,

RUAU.

2e Congrès International de Laiterie, Paris, 1905

ORGANISÉ PAR LE

Comité français de la Fédération Internationale de Laiterie

sous les auspices de la Société française d'Encouragement à l'Industrie laitière

AVEC LE HAUT PATRONAGE DE

M. LE MINISTRE DE L'AGRICULTURE

PRÉSIDENTS D'HONNEUR :

MM. DEVELLE, DUPUY, GOMOT, MÉLINE, MOUGEOT ET VIGER

anciens Ministres de l'Agriculture, et

M. le Président de la Société française d'Encouragement à l'Industrie laitière

---

BUREAU ORGANISATEUR DU CONGRÈS

Président : M. le Dr HENRI RICARD, sénateur de la Côte-d'Or, président du Comité français de la Fédération Internationale de Laiterie, président de l'Association de l'Ordre national du Mérite agricole.

Secrétaire général : M. J. TROUDE, professeur à l'Ecole nationale des Industries agricoles, secrétaire du Comité permanent de la Fédération Internationale de Laiterie, secrétaire général du Comité français de la Fédération Internationale de Laiterie, secrétaire général de l'Association de l'Ordre national du Mérite agricole, secrétaire général adjoint de l'Association de la Presse agricole.

Secrétaires généraux adjoints : M. MOUSSU, secrétaire général de la Société française d'Encouragement à l'Industrie laitière, secrétaire du Directeur du Secrétariat, du Personnel central et de la Comptabilité au Ministère de l'Agriculture ; M. E. SILZ, secrétaire général adjoint du Comité français de la Fédération Internationale de Laiterie, secrétaire général de l'Association des Chimistes de sucrerie et de distillerie de France et des Colonies, secrétaire général adjoint de l'Association de l'Ordre national du Mérite agricole.

Trésorier : M. AUG. BARTHÉLEMY, trésorier du Comité

français de la Fédération de Laiterie, trésorier de l'Association de l'Ordre national du Mérite agricole, trésorier du Syndicat des Mandataires aux Halles centrales de Paris (beurres, œufs et fromages).

Trésorier-adjoint : M. H. Collet, secrétaire général adjoint de la Société française d'Encouragement à l'Industrie laitière.

Section I. — PRODUCTION DU LAIT

Président : M. Grandeau, inspecteur général des Stations agronomiques, à Paris, 4, avenue de la Bourdonnais.

Sous-Section 1 A. — *Races laitières, Alimentation, Traite, etc.*

Président : M. Bénard (Jules), vice-secrétaire de la Société nationale d'Agriculture, à Paris, 81, rue de Maubeuge.

Vice-Présidents : MM. Dechambre, professeur de zootechnie à l'Ecole nationale d'Agriculture de Grignon, à Charenton (Seine), 25, rue des Ecoles ; Delphin-Sagot, conseiller général, vice-président de l'Association centrale des Laiteries coopératives des Charentes et du Poitou, à Echiré (Deux-Sèvres) ; Rozeray, professeur départemental d'agriculture des Deux-Sèvres, à Niort ; Viéville, président du Syndicat des Fabricants de sucre de France, à Chevresis-Monceau, par La Ferté-Chevresis (Aisne) ; Ygouf (Laurent), vice-président de la Société d'Agriculture de l'arrondissement de Bayeux, à Vierville-sur-Mer (Calvados).

Secrétaire : M. Saillard (Emile), ingénieur agronome, professeur à l'Ecole nationale des Industries agricoles et directeur du laboratoire du Syndicat des fabricants de sucre de France, à Paris, 34, rue du Louvre.

Secrétaires-adjoints : MM. Alquier, ingénieur agronome à Paris, 3, rue Cernuschi ; Macarez-Fauville, agriculteur éleveur, à Haulchin, par Thiant (Nord).

PROGRAMME DES TRAVAUX

1re *Question.* — Influence de la Race et de l'Individu sur le rendement, la qualité et le quantum des différents composants du lait.

MM. Gouin (Raoul), ingénieur agronome, Le Mans (Sarthe).

Lœhnis, inspecteur de l'Agriculture de Hollande, à La Haye.

Touchard, directeur de l'Ecole pratique d'Agriculture et de Laiterie de la Vendée.

2e *Question.* — Influence de l'alimentation sur le rendement, la qualité et le quantum des différents composants du lait. — Emploi du sucre et des fourrages mélassés dans l'alimentation de la vache laitière.

MM. Guérault (René), directeur de la Laiterie de Fère-Champenoise (Marne).

Marchi (Dr Ezio), professeur de zootechnie à l'Institut royal supérieur d'Agriculture de Pérouse (Italie).

Malpeaux, directeur de l'Ecole pratique d'Agriculture du Pas-de-Calais.

Pellet, ingénieur chimiste, à Paris.

3e *Question.* — Traite naturelle, traite mécanique. — Etude comparative des divers procédés.

M. Diffloth, ingénieur agronome, professeur spécial d'Agriculture, à Alfort (Seine).

4e *Question.* — Utilisation pratique des laits *écrémés décaséinés, délactosés* dans l'alimentation du veau et du porc. — Données économiques.

M. Ricard (Jean), propriétaire agriculteur, à la Ferme des Pacauds (Charente).

COMMUNICATIONS

M. Alquier, ingénieur agronome, chimiste expert, à Paris.

Mme Bodin (Vve), directrice de l'Ecole pratique de Laiterie de Coëtlogon (Ille-et-Vilaine).

MM. Delphin-Sagot, président de la Laiterie coopérative d'Echiré.

Hils Hanson, agronome, à Akarp (Suède).

Hue, vétérinaire, à Ribécourt (Oise).

Lavril, industriel fromager, à Saint-Aquilin-de-Pacy (Eure).

Sous-Section 2 B. — *Hygiène de l'étable.*

Président : M. Darbot, sénateur de la Haute-Marne, villa de Bozon, près Langres (Haute-Marne), et à Paris, 19, avenue d'Orléans.

Vice-Présidents : MM. Arloing, directeur de l'Ecole nationale Vétérinaire, 2, quai Pierre-Seize, Lyon (Rhône); Constant, inspecteur général des services sanitaires au Ministère de l'Agriculture, à Paris (4e), 4, rue Saint-Antoine ; Martel, directeur des Services sanitaires de la Préfecture de Police, à Paris.

Secrétaire : M. Delmer (André), chef des travaux de pathologie à l'Ecole nationale Vétérinaire d'Alfort (Seine).

PROGRAMME DES TRAVAUX

1re *Question.* — Quels sont les moyens les plus pratiques d'assurer l'entretien de la vache laitière dans d'excellentes conditions hygiéniques et pour éviter les souillures du lait au moment de la traite ?

MM. Baron, professeur à l'Ecole nationale Vétérinaire d'Alfort, et Dechambre, professeur à l'Ecole nationale d'Agriculture de Grignon.

Guérault (René), directeur de la Laiterie de Fère-Champenoise.

Jonson (V.), directeur de l'Institut Agricole de Bollerup (Suède).

2e *Question.* — De l'intervention officielle dans le contrôle de la propreté de l'étable.

MM. Constant, inspecteur général des Services sanitaires au Ministère de l'Agriculture, à Paris.
Martel, chef des Services sanitaires vétérinaires de la Seine.
Mullie, inspecteur des Services sanitaires, à Bruxelles.
Plehn (B.), président de la Société allemande d'Industrie laitière, à Berlin.
Stenstrom (Olof), vétérinaire, conseiller de l'Etat pour la tuberculose bovine, à Tumba (Suède).

3e *Question.* — Définir, *dans l'état actuel de la science*, les états pathologiques qui rendent le lait dangereux pour la consommation.

M. Moussu (Dr), professeur à l'Ecole nationale Vétérinaire d'Alfort.

4e *Question.* — De l'obligation de soumettre à l'épreuve de la tuberculine les vaches laitières dont le lait est destiné à l'alimentation des enfants.

MM. Leclainche, professeur à l'Ecole nationale Vétérinaire de Toulouse.
Martel, chef des Services sanitaires vétérinaires de la Seine.

5e *Question.* — Statistiques sur la fréquence de l'élimination des bacilles de la tuberculose par les mamelles saines *en apparence*, comparée à la fréquence des mammites tuberculeuses, *bien caractérisées cliniquement.* Mesures éventuelles à prendre au point de vue de la police sanitaire.

M. Moussu (Dr), professeur à l'Ecole nationale Vétérinaire d'Alfort.

COMMUNICATIONS

MM. Calderon, agronome, à Paris.
Hue, vétérinaire, à Ribécourt (Oise).

Mlle LONAY (E.), conférencière de Laiterie en Belgique.

M. ROLET (ANTONIN), professeur à l'Ecole pratique d'Agriculture d'Antibes (Alpes-Maritimes).

SECTION II. — TECHNOLOGIE LAITIÈRE

Président : M. LINDET (L.), docteur ès sciences, professeur à l'Institut national agronomique, à Paris, 108, boulevard Saint-Germain.

SOUS-SECTION 3 A. — *Lait en nature, Conservation, Vente.*

Président : M. VIGOUROUX, député de la Haute-Loire, à Chomelix (Haute-Loire) et à Paris, 39, avenue Rapp.

Vice-Présidents : MM. VACHER (MARCEL), président d'honneur de l'Association de l'Ordre national du Mérite agricole, membre de la Société nationale d'Agriculture, à Paris, 52, avenue de Breteuil ; SOUTTER (F.), directeur général de la Société laitière « Maggi », à Paris, 8, place de l'Opéra ; SIEGFRIED (GEORGES), administrateur de la Compagnie générale des « Laits Purs », à Paris, 20, rue des Capucines; SENET, président de la Chambre syndicale des Constructeurs de machines agricoles de France, à Paris, 16, rue Claude-Vellefaux ; DENIS, constructeur d'appareils de laiterie, à Paris (17e), 77, rue Boursault.

Secrétaire : M. BROSSARD, à Paris, 18, rue de Miromesnil.

Secrétaire-adjoint : M. PLAINGUIER, ingénieur agricole, expert près les tribunaux, à Paris, 38, rue Corbeau.

PROGRAMME DES TRAVAUX

1re *Question.* — Etude comparative, au point de vue technique, des divers procédés de conservation du lait. (*Pasteurisation, stérilisation, réfrigération*, etc.).

MM. DENIS, constructeur d'appareils de laiterie, à Paris.

MAZÉ, chef de laboratoire à l'Institut Pasteur, à Paris.

M. Siegfried (Georges), administrateur de la Compagnie générale des « Laits Purs », à Paris.

2e *Question.* — Conditions à réaliser dans la réception et le débit (laiteries centrales, laiteries de détail) et dans la livraison à domicile, pour assurer la vente d'un lait irréprochable.

M. Lazard (R.-G.), agriculteur-laitier, à Fours-en-Vexin (Eure).

COMMUNICATIONS

MM. Boudry (Dr), à la Bourboule.
Gaulin, constructeur d'appareils de laiterie, à Paris.
Jaubert, directeur de la *Revue générale de Chimie pure et appliquée*, à Paris.
Lourier (Dr André), à Elbeuf.

Sous-Section 4 B. — *Beurres.*

Président : M. Rouvier, sénateur de la Charente-Inférieure, à Surgères (Charente-Inférieure) et à Paris, 22, avenue de l'Opéra.

Vice-Présidents : MM. le Comte de Saint-Quentin, sénateur du Calvados, au château de Garcelles-Secqueville (Calvados), et à Paris, 3, rue de Magdebourg; Dodé, président de l'Union générale des Syndicats des Mandataires aux Halles centrales, à Paris, 47, rue des Bourdonnais ; Dornic, directeur de la Station d'Industrie laitière de Surgères (Charente-Inférieure) ; Guillaume, président de la Chambre syndicale des Marchands de beurre, œufs et fromages, et Crémiers, à Paris, 4, rue de Buci; Vavasseur, président du Syndicat des Crémiers de Paris et de la banlieue, à Paris, 15, rue François-Ier.

Secrétaire : M. Collet, secrétaire général adjoint de la Société française d'Encouragement à l'Industrie laitière, à Paris, 116, rue du Faubourg-Saint-Martin.

Secrétaire-adjoint : M. VAVASSEUR aîné, négociant, à Paris, 6, rue de Castellane.

PROGRAMME DES TRAVAUX

1re *Question.* — Ramassage et transport du lait pour les laiteries mécaniques et moyens de conservation jusqu'à l'écrémage.

MM. COLLARD-BOVY, professeur de l'Institut supérieur agronomique et vétérinaire de la Nation, à Buenos-Ayres (République Argentine).
DORNIC, directeur de la Station d'Industrie laitière et de l'Ecole de Laiterie de Surgères (Charente-Inférieure).
GUÉRAULT (RENÉ), directeur de la Laiterie de Fère-Champenoise (Marne).
MARCAS, directeur de la Station de Laiterie de l'Etat, et HUYGUE, aspirant de la Station, à Gembloux (Belgique).

2e *Question.* — Chauffage du lait avant l'écrémage. Règles à suivre; température de chauffage. Importance du système de réchauffeur sur la qualité de la crème et du beurre.

MM. DORNIC, à Surgères (Charente-Inférieure).
GUÉRAULT (RENÉ), à Fère-Champenoise (Marne).

3e *Question.* — Pasteurisation et refroidissement de la crème. Influence sur le rendement et la qualité du beurre. Pasteurisation du lait avant l'écrémage.

MM. DORNIC, à Surgères (Charente-Inférieure).
MARCAS, à Gembloux (Belgique), et HENSEVAL, inspecteur chargé de la direction du Laboratoire du Service de Santé et d'Hygiène, à Bruxelles.
POSTHUMA, secrétaire de l'Association centrale des Laiteries coopératives des Pays-Bas, à La Haye (Hollande).

4e *Question.* — Des stations d'écrémage et du transport de la crème pour le travail en usine centrale.

M. Dornic, à Surgères (Charente-Inférieure).

5e *Question.* — Maturation de la crème. Taux d'écrémage. Degré d'acidification optimum suivant les saisons. Emploi des ferments sélectionnés.

MM. Dornic, à Surgères (Charente-Inférieure).
Guérault (René), à Fère-Champenoise (Marne).

6e *Question.* — La machine à glace dans la fabrication et la conservation du beurre. Barattage à basse température.

M. Lucas (J.-E.), ingénieur agronome, à Gournay-sur-Marne (Seine-et-Oise).

7e *Question.* — Moyens pratiques de réduire au minimum les pertes à l'écrémage et au barattage.

MM. Marcas et Huygue, à Gembloux (Belgique).
Marcas, à Gembloux (Belgique).

8e *Question.* — Contrôle bactériologique des ferments sélectionnés employés en laiterie.

MM. Gorini (Dr Costantin), professeur de bactériologie à l'Ecole royale supérieure d'Agriculture de Milan.
Weis (Dr), à Copenhague.

9e *Question.* — Principaux défauts des beurres doux et des beurres salés. Leur origine et la façon de les éviter.

MM. Dupont (Louis), négociant exportateur de beurres, à Isigny (Calvados).
Guérault (René), à Fère-Champenoise (Marne).
Marcas et Huygue, à Gembloux (Belgique).

COMMUNICATIONS

MM. Arthaut-Berthet, ingénieur agronome, attaché à l'Institut Pasteur, à Paris.
Grosseron, pharmacien, à Nantes (Seine-Inférieure).

MM. Guérault (René), à Fère-Champenoise (Marne).
Jean (Ferdinand), chimiste expert près les tribunaux, à Paris.
Kasdorf (Dr O.), ingénieur, à Vienne (Autriche).
Perrier (A.), attaché à l'Institut Pasteur, à Paris.
Rosengren (Dr), instructeur à l'Institut agricole de Laiterie d'Alnarp (Suède).

Sous-Section 5 C. — *Fromages.*

Président : M. Laniel, député du Calvados, à Paris, 25, rue de Bourgogne, et à Lisores (Calvados), par Vimoutiers (Orne).

Vice-Présidents : MM. Leroy-Beaulieu, membre de l'Institut, président de la Société des Caves et des Producteurs réunis, à Roquefort (Aveyron), et à Paris, 27, avenue du Bois-de-Boulogne ; Martin, ancien directeur de l'Ecole de Mamirolle, administrateur délégué de la Société anonyme « L'Emmenthal français », à Besançon, 8, rue Granvelle ; Ripert, conseiller général de la Haute-Marne, à Saint-Dizier (Haute-Marne) ; Roger, directeur de la Station pour l'amélioration des fromages à La Ferté-sous-Jouarre (Seine-et-Marne).

Secrétaire : M. Mesnil, chef du Laboratoire de la Station pour l'amélioration des fromages, à La Ferté-sous-Jouarre (Seine-et-Marne).

PROGRAMME DES TRAVAUX

1re *Question.* — Conclusions pratiques des recherches récentes sur la fabrication des fromages : 1° à pâte molle ; 2° à pâte ferme.

MM. Boeckhout, bactériologiste à la Station agronomique de Hoorn (Hollande).
Gorini, professeur à l'Ecole supérieure royale d'Agriculture de Milan.
Guérault (Paul), directeur de Laiterie, à Fère-Champenoise (Marne).

MM. Martin (Charles), ancien directeur de l'Ecole nationale de Laiterie de Mamirolle, à Besançon.
Mazé, chef de laboratoire à l'Institut Pasteur, à Paris.
Mesnil, directeur du laboratoire Roger, pour l'amélioration des fromages, à La Ferté-sous-Jouarre.
Rosengren, à Alnarp (Suède).
Van der Zand, directeur de la Station agronomique de Hoorn (Hollande).

2e *Question.* — De la fabrication spéciale des fromages (à pâte molle et à pâte ferme), en vue :
1° d'une longue conservation dans le lieu de production ;
2° du transport à longue distance sous même latitude ;
3° du transport sous d'autres climats.

M. Leroy-Beaulieu (Paul), membre de l'Institut, président de la Société des Caves et des Producteurs réunis, à Roquefort (Aveyron).

3e *Question.* — Moyens préventifs contre les maladies des fromages : 1° à pâte molle ; 2° à pâte ferme.

MM. Martin (Charles), à Besançon.
Mesnil, à La Ferté-sous-Jouarre.

4e *Question.* — Des *présures.*

MM. Houdet, directeur de l'Ecole nationale de Laiterie, à Mamirolle.
Petit, ingénieur chimiste, à Paris.

COMMUNICATIONS

M. Arthaut-Berthet, à Paris.

Sous-Section 6 D. — *Dérivés et Sous-Produits.*

Président : M. Prevet, sénateur de la Seine-et-Marne, à Paris (16e), 109, avenue Henri-Martin.

Vice-Présidents : MM. le Dr Chassevant, professeur agrégé à la Faculté de médecine, à Paris, 7, rue de Magellan ; Biron (Francis), président de la Chambre syndicale de la Laiterie en gros, à Paris, 8, rue Le Châtelier ;

M. ESCUYER (JACQUES), président de la Compagnie des « Laits Purs », à Paris, 7, rue d'Aumale, et 22, rue Notre-Dame-de-Lorette.

Secrétaire : M. HOUDET, directeur de l'Ecole nationale d'Industrie laitière à Mamirolle (Doubs).

Secrétaire-adjoint : M. FARINES, professeur, chef de laboratoire à l'Ecole nationale d'Industrie laitière de Mamirolle (Doubs).

PROGRAMME DES TRAVAUX

1re *Question*. — Laits en poudre.

M. FARINES, professeur et chef de laboratoire à l'Ecole nationale d'Industrie laitière de Mamirolle.

2e *Question*. — Laits condensés.

MM. HUMMELINCK, industriel, à La Haye (Hollande).
SIDERSKY, ingénieur-chimiste, à Paris.

3e *Question*. — Caséine.

M. HOUDET, directeur de l'Ecole nationale de Laiterie de Mamirolle.

4e *Question*. — Lactose.

Pas de rapports.

5e *Question*. — Acide lactique.

Préparation, Conservation, Usages, Données économiques.

M. FARINES, à Mamirolle.

COMMUNICATIONS

MM. BÉVENOT (PAUL), ingénieur, à Paris.
BOIS DE DUNILAC (DE), administrateur des Sociétés suisses et françaises d'industrie laitière, à Champagne-en-Valromay (Ain).
GILBERT (Dr), CHASSEVANT (Dr), professeurs à la Faculté de médecine, à Paris.
PROUW (DE), ingénieur agricole à Carlsbourg (Belgique).

Section III. — HYGIÈNE LAITIÈRE

Président : M. le professeur Brouardel, membre de l'Institut, à Paris, 68, rue de Bellechasse.

Sous-Section 7 A. — *Hygiène générale de l'industrie laitière.*

Président : M. le docteur Bordas, directeur du Laboratoire du Ministère des Finances, à Paris, 58, rue Notre-Dame-des-Champs.

Vice-Présidents : MM. Baudran, secrétaire du Comité départemental d'hygiène de l'Oise, à Beauvais (Oise) ; Dron, député du Nord, à Tourcoing, et à Paris, 12, rue Notre-Dame-des-Champs ; Héricourt, vice-président de la Chambre syndicale des Marchands de beurre, à Paris, 22, rue du Faubourg-Saint-Honoré.

Secrétaire : M. Kohn-Abrest, préparateur au Laboratoire de toxicologie de la Préfecture de Police, à Paris (4e), 37, quai d'Anjou.

PROGRAMME DES TRAVAUX

1re *Question.* — Transmission des maladies contagieuses de l'homme à l'homme par le lait considéré comme véhicule (en particulier de la fièvre typhoïde et de la scarlatine).

MM. Sieveking (Dr), médecin de la ville de Hambourg.
Willem (Dr) et Miele (Dr adj.), à Gand (Belgique).

2e *Question.* — *a*) Des effets, au point de vue de l'hygiène, de : 1° la filtration ; 2° la réfrigération ; 3° la fixation (*homogénéisation*) du lait. *b*) Les laits mélangés et destinés à la consommation doivent-ils être soumis à des traitements spéciaux ?

MM. Bordas (Dr), directeur du laboratoire du Ministère des Finances.

MM. BAUDRAN (Dr), secrétaire du Comité départemental d'hygiène de l'Oise.

KOHN-ABREST, préparateur au Laboratoire de toxicologie.

SCHOOFS (Dr J.), pharmacien, docteur en médecine, à Liége.

3e *Question.* — Effets hygiéniques de la traite mécanique du lait.

M. BARTHEL (CH.), chimiste, à Tumba (Suède).

COMMUNICATIONS

M. LEBROU, ingénieur des Arts et Manufactures, à Lapanoux-de-Cernon (Aveyron).

SOUS-SECTION 8 B. — *Assistance et Maternité.*

Président : M. PAUL STRAUSS, sénateur de la Seine, à Paris (17e), 76, avenue de Wagram.

Vice-Présidente : Mme BÉQUET DE VIENNE, fondatrice de la « Société de l'Allaitement maternel », à Paris, 9, rue Galvani.

Vice-Présidents : MM. DELORY, député du Nord, à Lille et à Paris (14e), 6, rue Hallé ; le docteur BUDIN, professeur à la Faculté de médecine, membre de l'Académie de médecine, à Pâris (16e), 51, rue de la Faisanderie ; le docteur VARIOT, médecin de l'hôpital des Enfants malades, à Paris (9e), 24, rue Vignon ; le docteur DUFOUR (Léon), fondateur de la « Goutte de lait », à Fécamp (Seine-Inférieure) ; RANSON, conseiller municipal de Paris, à Paris (14e), 6, rue Froidevaux ; VAN BROCK, vice-président de la « Société de l'Allaitement maternel », à Paris, 30, avenue Kléber.

Secrétaires : MM. le docteur HENRI DE ROTHSCHILD, à Paris (8e), 33, rue du Faubourg-Saint-Honoré ; le docteur BRUNON, directeur de l'Ecole de médecine à Rouen.

Secrétaires-adjoints : MM. le docteur ACHILLE HAUSER, médecin de l' « Œuvre philanthropique du lait », à

Paris (8e), 29, rue Cambacérès ; MOURON, vice-président de l'Union syndicale des Crémiers et Fruitiers de Paris et des départements, à Paris, 11, Faubourg-Saint-Denis.

PROGRAMME DES TRAVAUX

Question. — Du lait destiné : 1° *à l'Enfance ; a)* Crèches. *b)* Consultations de nourrissons ; Gouttes de lait ; Dispensaires ; Cliniques ; Œuvres similaires ; 2° *aux malades.* Des conditions auxquelles il doit satisfaire. — Organisation des services d'approvisionnement.

MM. BACKHAUS (Dr), professeur, à Berlin.
BAUWENS, agronome de l'Etat, à Bruges (Belgique).
BRUNON (Dr RAOUL), professeur de pathologie interne à l'Ecole de médecine et de pharmacie, à Rouen.
CORNET (Dr PAUL), médecin, à Paris.
DELAIRE, président de la Chambre syndicale des Agriculteurs, Viticulteurs, Commerçants de France, à Paris.
DIFFLOTH, professeur spécial d'Agriculture, à Alfort (Seine).
HAUSER (Dr ACHILLE), médecin de l'*Œuvre philanthropique du lait,* à Paris.
JUGE (EDMOND), administrateur délégué de l'*Œuvre du Bon lait,* à Paris
LOURIER (Dr ANDRÉ), médecin, à Elbeuf.
MATTOS TEXEIRA (LE JONKHER, Dr E. DE), médecin d'enfants, à Rotterdam (Hollande).
ROTHSCHILD (Dr HENRI DE), à Paris.
WEISS (Dr SIEGFRIED), à Vienne (Autriche).

SECTION IV. — SCIENCES DU LAIT

Président : M. OGIER, directeur du Laboratoire de toxicologie de la Préfecture de Police, membre du Comité consultatif d'hygiène, à Paris.

Sous-Section 9 A. — *Recherches scientifiques. Méthodes analytiques.*

Président : M. Trillat, chef de service à l'Institut Pasteur (Chimie biologique), à Paris, 7, rue Alboni.

Vice-Présidents : MM. de Brévans, sous-chef du Laboratoire municipal de la Préfecture de Police, à Paris ; de Raczkowski, chimiste principal au Laboratoire municipal de la Préfecture de Police, à Paris, 30, boulevard Saint-Germain.

Secrétaire : M. Bonn, directeur du Laboratoire municipal d'analyses, à Lille, 3, rue des Fleurs.

Secrétaire-adjoint : M. B. Sauton, préparateur à l'Institut Pasteur, à Paris, 28, rue Dutot.

PROGRAMME DES TRAVAUX

1re *Question.* — L'acidité du lait et sa détermination. Etude scientifique des causes qui font varier cette acidité.

M. Boeckhout, à Hoorn (Hollande).

2e *Question.* — Les bacilles tuberculeux et leurs toxines dans le lait.

MM. Baudran (Dr), secrétaire du Comité départemental d'Hygiène de l'Oise, à Beauvais.
Gedoelst, professeur à l'Ecole de Médecine vétérinaire de l'Etat, à Bruxelles.

3e *Question.* — Unification des méthodes analytiques.

MM. Barthel (Ch.), à Hamra (Suède).
Bonn, directeur du Laboratoire municipal d'analyses de la Ville de Lille, à Lille (Nord).
Gorini, professeur de bactériologie à l'Ecole royale supérieure d'Agriculture de Milan.
Hoton, docteur ès sciences, à Malines (Belgique).
Rodella, à Lodi (Italie).
Swaving, directeur de la Station agronomique de l'Etat, à Wageningen.

4e *Question.* — De l'addition de substances révélatrices à la margarine.

MM. Bonn, directeur du Laboratoire municipal d'analyses, à Lille (Nord).

Marcas, directeur de la Station de Laiterie de l'Etat, à Gembloux (Belgique).

Wauters, chimiste de la Ville de Bruxelles.

COMMUNICATIONS

MM. Bordas, directeur du Laboratoire du Ministère des Finances et Touplain, chimiste.

Gerber (Dr), à Zurich.

Henseval, inspecteur, détaché à la direction du Laboratoire d'Hygiène et de Santé, à Bruxelles.

Lavenir et Herrero Ducloux, de la Station Agricole de l'Etat, à Buenos-Ayres.

Laxa (Dr), à Prague.

Pellet, ingénieur chimiste, à Paris.

Trillat et Sauton, à Paris.

Sous-Section 10 B. — *Falsifications (lait, beurre, fromages, etc.).*

Président : M. Chautard, docteur ès sciences, chimiste-expert, conseiller municipal de Paris, à Paris (15e), 15, rue Olivier-de-Serres.

Vice-Présidents : MM. Rocques, chimiste-expert, à Paris (19e), 2, place Armand-Carrel ; Sanglé-Ferrière, sous-chef du Laboratoire municipal de la Préfecture de Police, à Paris, 32, boulevard Saint-Germain.

Secrétaire : M. Fayolle, chimiste-expert, à Paris, 195, rue de l'Université.

Secrétaire-adjoint : M. Fouquet, rédacteur au Ministère de l'Agriculture (3e Bureau, direction de l'Agriculture).

PROGRAMME DES TRAVAUX

Question. — Falsifications : 1° du lait ; 2° de la crème ; 3° du beurre ; 4° des fromages. — Interprétation des résultats analytiques.

1° MM. Rocques, chimiste-expert, à Paris.
Rolet (Antonin), professeur à l'Ecole pratique d'Agriculture d'Antibes.

3° MM. Fayolle, chimiste-expert, à Paris.
Hoton, à Malines (Belgique).
Sillevoldt, directeur de la Station centrale de contrôle des beurres, à Leyde (Hollande).

4° MM. Fouquet, attaché au Ministère de l'Agriculture, à Paris.
Guérault (Paul), directeur de la Laiterie de Fère-Champenoise.

COMMUNICATIONS

M. Padé, chimiste-expert, à Paris.

Section V. — LÉGISLATION, ENSEIGNEMENT, ASSOCIATIONS

Président : M. Calvet, sénateur de la Charente-Inférieure, à Paris (15e), 144, boulevard de Montparnasse.

Sous-Section 11 A. — *Législation.*

Président : M. Lucien Cornet, député de l'Yonne, maire de Sens (Yonne).

Vice-Présidents : MM. Armez, député des Côtes-du-Nord, à Plourivo (Côtes-du-Nord), et à Paris, 6, rue de Bourgogne ; Bersez, député du Nord, maire de Cambrai, à Paris (8e), 48, Faubourg-Saint-Honoré ; Bouctot, député de la Seine-Inférieure, à Paris, 12 bis, boulevard Haussmann; Cabaret, directeur du Personnel et de la Comptabilité au Ministère de l'Agriculture, à Paris, 78, rue de Varenne.

Secrétaire : M. Moussu, secrétaire général de la Société française d'Encouragement à l'Industrie laitière, au Ministère de l'Agriculture, à Paris, 78, rue de Varenne.

Secrétaires-adjoints : MM. Comby, avocat à la Cour d'appel, à Paris, 52, rue Bonaparte ; Dumontier, juge d'instruction, à Sens, 14, rue Jossey ; Moyen, sous-chef de bureau au Ministère de l'Agriculture, à Paris, 78, rue de Varenne.

PROGRAMME DES TRAVAUX

1re *Question.* — Législations relatives à la réglementation de la vente du lait : examen comparé. — Etude de dispositions législatives communes aux différentes puissances adhérentes aux statuts de la Fédération Internationale de Laiterie. — *Les conservateurs du lait* et des divers produits de la Laiterie au point de vue légal.

Pas de rapports.

2e *Question.* — Les nations ayant adopté l'obligation d'additionner de substances révélatrices *toutes graisses* ayant subi une manipulation qui facilite leur incorporation au beurre, ou qui rende difficile la constatation de leur présence dans le beurre, doivent-elles prohiber l'importation des beurres provenant de pays n'ayant pas édicté cette mesure? (Question renvoyée par le premier Congrès International).

MM. Bonn, directeur du Laboratoire municipal d'analyses de la ville de Lille.

Collard-Bovy, professeur.

Cornet (Lucien), député de l'Yonne.

Faber (Harald), délégué officiel du Danemark.

Maenhaut, membre de la Chambre des Représentants, à Lamberge-les-Sand (Belgique).

Wysman (Dr H. P.), Michiels Van Kessenich, membre de la 1re Chambre des Etats-Généraux; Swaving (Dr A. J.), directeur de la Station agronomique à Wageningen; délégués officiels du gouvernement des Pays-Bas.

3e *Question.* — Les *stations de contrôle* au point de vue légal.

M. Bielemann, chef du Service de l'inspection des beurres dans les Pays-Bas.

4e *Question.* — Surveillance de la vente du lait et des divers produits de la laiterie.

MM. Beau, professeur à l'Ecole nationale d'Industrie laitière de Poligny (Jura).

MM. COMBY (C.), avocat à la Cour d'appel, à Paris.
GIROUX, ingénieur agronome, à Paris.
SZILLY (TH. DE), inspecteur général de l'Industrie laitière, à Budapest.

COMMUNICATIONS

MM. CONSTANT, inspecteur général des Services sanitaires au Ministère de l'Agriculture, à Paris.
LAVRIL, industriel-fromager, à St-Aquilin-de-Pacy-sur-Eure (Eure).
MICHEL (LOUIS), agriculteur-laitier, à Tomblaine, près Nancy (Meurthe-et-Moselle).
TARDY, sous-intendant militaire, à Auxonne.

SOUS-SECTION 12 B. — *Enseignement. Presse. Publications.*

Président : M. FORTIER, sénateur de la Seine-Inférieure, chemin des Cottes, à Mont-Saint-Aignan, par Rouen, et à Paris (8e), 4, rue de l'Isly.

Vice-Présidents : MM. DECKER-DAVID, député du Gers, à Paris (8e), 174, boulevard Malesherbes ; MAMELLE, sous-directeur de l'Agriculture, au Ministère de l'Agriculture, à Paris, 78, rue de Varenne ; RANDOING, inspecteur général de l'Agriculture, à Paris (6e), 144, boulevard Raspail ; FRANC, professeur départemental d'Agriculture du Cher, président de l'Association des professeurs départementaux d'Agriculture, à Bourges (Cher).

Secrétaires : MM. PRADÈS, sous-chef de bureau au Ministère de l'Agriculture, à Paris, 78, rue de Varenne ; LAURENT, professeur départemental d'Agriculture de la Seine-Inférieure, à Rouen, 13 bis, rue de Fontenelle.

PROGRAMME DES TRAVAUX

1re *Question.* — Organisation de l'Enseignement de la laiterie : *a*) Ecoles spéciales de laiterie ; *b*) Enseignement de la laiterie : 1° dans les écoles d'agriculture de tous degrés ; 2° dans les écoles ménagères et dans les établissements d'instruction publique de tous degrés ; *c*) Conférences, cours publics, etc.

Mmes BODIN (Vve), directrice de l'Ecole pratique de Laiterie de Coëtlogon (Ille-et-Vilaine).

COUTURIER (A.), directrice de l'Ecole de Laiterie de Korliven (Finistère).

M. FORTIER, sénateur de la Seine-Inférieure.

Mme HALLET-MONSEUR, conseillère de Laiterie, à Arlon (Belgique).

M. KŒRFER (Dr), rédacteur au Ministère de l'Agriculture, à Budapest.

Mlle LONAY, conférencière de Laiterie en Belgique.

MM. PRADÈS, sous-chef de bureau au Ministère de l'Agriculture, à Paris.

RANDOING, inspecteur général de l'Agriculture, à Paris.

ROLET (ANTONIN), professeur à l'Ecole pratique d'Agriculture d'Antibes.

VUYST (PAUL DE), inspecteur de l'Agriculture, à Bruxelles.

2e *Question*. — Stations de recherches laitières.

MM. FRIANT, directeur de l'Ecole nationale d'Industrie laitière de Poligny.

MAMELLE, sous-directeur de l'Agriculture au Ministère de l'Agriculture, à Paris.

3e *Question*. — Constitution d'un Syndicat International de la presse laitière.

M. TROUDE, professeur à l'Ecole nationale des Industries agricoles.

COMMUNICATIONS

M. FABRE, inspecteur des Eaux et Forêts, à Dijon.

SOUS-SECTION 13 C. — *Coopératives. Fruitières.*

Président : M. ANTOINE PERRIER, sénateur de la Savoie, à Paris (7e), 63, avenue Bosquet.

Vice-Présidents : MM. BORNE, sénateur du Doubs, à Paris (5e), 9, rue du Val-de-Grâce ; GÉRALD, député de la Charente, abbaye de la Garde-à-Rotard, à Condéon (Charente), et à Paris (7e), 17, avenue de la Motte-Piquet ; DUMONT (CH.), député du Jura, à Mâcon, et à Paris, 1, quai aux Fleurs ; MARSAIS, chef de bureau au Ministère de l'Agriculture, à Paris, 78, rue de Varenne.

Secrétaires : MM. FRIANT, directeur de l'Ecole nationale de Laiterie de Poligny (Jura) ; BEAU, professeur à l'Ecole nationale de Laiterie de Poligny (Jura).

Secrétaire-adjoint : M. DECERFZ, trésorier de l'Union syndicale des Crémiers et Fruitiers de Paris et des départements, à Neuilly-sur-Seine (Seine).

PROGRAMME DES TRAVAUX

Question. — Etude économique et régime des divers modes de coopération laitière : *a*) Coopératives ; *b*) Fruitières.

MM. BEAU, professeur à l'Ecole nationale d'Industrie laitière de Poligny.

Mme BODIN (Vve), directrice de l'Ecole pratique de Laiterie de Coëtlogon.

MM. ENGSTROM (NILS), professeur à l'Institut agricole et laitier d'Alnarp (Suède).

FABRE, inspecteur des Eaux et Forêts, à Dijon.

FRIANT, directeur de l'Ecole nationale de l'Industrie laitière de Poligny (Jura).

MARCAS, directeur de la Station de Laiterie de l'Etat, à Gembloux et HENSEVAL, inspecteur détaché à la Direction du Laboratoire de Santé et d'Hygiène de la ville, à Bruxelles.

MARSAIS, chef de bureau au Ministère de l'Agriculture, à Paris.

MM. Posthuma, secrétaire de l'Association des Laiteries coopératives des Pays-Bas, à La Haye.

Tardy (Louis), secrétaire du « Musée social ».

Section VI. — ÉCONOMIE GÉNÉRALE

Président : M. Griolet, vice-président du Conseil d'administration de la Compagnie des chemins de fer du Nord, à Paris.

Sous-Section 14 A. — *Transports. Commerce général.*

Président : M. Griolet.

Vice-Présidents : MM. André Lebon, ancien ministre du Commerce, président du Syndicat général des Armateurs et du Conseil d'administration des Messageries maritimes, à Paris, 2, rue de Tournon ; Foex, inspecteur général de l'Agriculture, à Paris, 6, rue Bassano ; Bachimont, administrateur de la « Laiterie Centrale », à Paris, 132, Faubourg-Saint-Denis ; Primault, conseiller général des Deux-Sèvres, président de la Laiterie coopérative, à Saint-Varent (Deux-Sèvres).

Secrétaires : MM. Dugit-Chesal, inspecteur des Services commerciaux de la Compagnie des chemins de fer du Nord, à Paris, 141, boulevard de Magenta ; Faber, sous-chef de bureau au Ministère de l'Agriculture, à Paris, 78, rue de Varenne.

PROGRAMME DES TRAVAUX

1re *Question.* — Transport des produits de laiterie à longues distances par voie ferrée et par eau. (*Facilités de transport. Tarifs de transport.*)

MM. Dugit-Chesal, inspecteur de l'Exploitation (services commerciaux), à la Compagnie des Chemins de fer du Nord, à Paris.

Burnagri (Dr Tito), à Lodi (Italie).

2e *Question.* — *Alimentation en lait des grands centres. Organisation commerciale.*

MM. DUGIT-CHESAL, à Paris.

FASCETTI (Dr GUISEPPE), à Reggio-Emìlia (Italie).

SIEWEKING (Dr), médecin de la Ville de Hambourg (Allemagne).

SMEYERS, agronome de l'Etat, à Louvain (Belgique).

WHITEKER, inspecteur au Département de l'Agriculture, à Washington (Etats-Unis).

COMMUNICATIONS

TALANSIER, ingénieur, à Paris.

SOUS-SECTION 15 B. — *Statistiques, Douanes.*

Président : M. NOEL, député de l'Oise, président de la Commission des douanes, à Paris, 52, rue Blanche, et à Noyon (Oise).

Vice-Présidents : MM. SURCOUF, député des Côtes-du-Nord, à Paris, 22, rue de Tocqueville ; LADEUIL, ancien facteur assermenté à la vente en gros des beurres aux Halles centrales, à Paris, 65, rue Condorcet ; DAYNÉ, mandataire aux Halles centrales, vice-président du Syndicat des Mandataires aux Halles centrales (beurres, œufs et fromages), et trésorier de la Société française d'Encouragement à l'Industrie laitière, à Paris, 10, rue de la Lingerie ; DANGER, négociant en beurres et fromages, à Paris, 15, rue du Pressoir ; PARENTEAU, président de la Laiterie coopérative, à Saint-Hermine (Vendée) et à Paris, 12, rue Rennequin ; PERRIN, président de l'Union syndicale des Crémiers et Fruitiers de Paris et des départements, à Paris, 38, Faubourg-Saint-Honoré.

Secrétaire : M. GESLIN, négociant, à Paris (14e), 2, rue de la Rochelle.

Secrétaire-adjoint : M. LIGNEAU, secrétaire de l'Union des Chambres syndicales de Produits agricoles industriels, à Paris, 54, boulevard Saint-Marcel.

PROGRAMME DES TRAVAUX

1re *Question.* — Statistiques de la production et du commerce du lait et des divers produits de la laiterie.

MM. GESLIN, négociant, à Paris.
SZILY (TH. DE), inspecteur général de l'Industrie laitière en Hongrie.

2e *Question.* — Tarifs de douanes (Laits et divers produits de la laiterie).

M. LIGNEAU, ingénieur-chimiste, à Paris.

RÈGLEMENT

ARTICLE PREMIER. — Le 2e Congrès International de Laiterie, organisé par le *Comité Français de la Fédération Internationale de Laiterie,* sous les auspices de la Société française d'Encouragement à l'Industrie laitière, et placé sous le haut patronage de M. le Ministre de l'Agriculture, se tiendra à Paris, dans la troisième semaine du mois d'Octobre de l'année 1905.

ART. 2. — Le Congrès comprendra des *Membres actifs* et des *Membres donateurs.* Seront Membres actifs, les personnes, les Associations, les Sociétés, les Etablissements scientifiques et d'instruction, etc., qui auront adressé leur adhésion au secrétaire général du Comité d'organisation, M. J. TROUDE, 61, boulevard Barbès, à Paris (18e), et auront payé une cotisation fixée à 10 francs. Les Associations, les Sociétés, les Etablissements scientifiques et d'instruction, etc., devront payer le montant d'une cotisation pour chacun de leurs délégués.

Seront *Membres donateurs,* toutes personnes et toutes Associations ou Sociétés ayant intervenu dans les frais d'organisation du Congrès, pour un versement minimum de cent cinquante francs. Les noms des Membres donateurs feront l'objet d'une liste spéciale devant paraître en tête de la liste des Membres du Congrès.

Art. 3. — Les Membres du Congrès, ayant acquitté leur cotisation, recevront une carte qui leur permettra de suivre les séances, de prendre part aux excursions, aux réceptions, banquets, etc., d'obtenir des réductions de prix dans les principaux hôtels et dans plusieurs théâtres de Paris.

Ils auront, tout au moins en France, la faculté de voyager à demi-tarif sur les chemins de fer ; ils recevront gratuitement les rapports préliminaires, les compte-rendus et autres publications se rapportant au Congrès.

Art. 4. — La durée du Congrès sera de trois jours ; deux assemblées générales seront tenues, l'une, le jour de l'ouverture, l'autre, le jour de la clôture du Congrès ; des excursions, dont le programme sera réglé par le Comité français de la Fédération Internationale de Laiterie, suivront le Congrès.

Art. 5. — Les Membres du Congrès devront nommer à l'assemblée générale d'ouverture : 1° Le Président général du Congrès ; 2° les Présidents et Vice-Présidents de sections et de sous-sections qui seront choisis en partie parmi les Membres étrangers adhérents au Congrès.

Art. 6. — Les travaux du Congrès seront répartis entre *six sections* subdivisées en *quatorze sous-sections.*

Section I. — **PRODUCTION DU LAIT**

1 A. — *Races laitières. Alimentation. Traite.*
2 B. — *Hygiène de l'étable.*

Section II. — **TECHNOLOGIE LAITIÈRE**

3 A. — *Lait en nature. Conservation. Transport. Vente, etc., etc.*
4 B. — *Beurres.*
5 C. — *Fromages.*
6 D. — *Dérivés et sous-produits.*

SECTION III. — **HYGIÈNE LAITIÈRE**

7 A. — *Hygiène générale de l'Industrie du lait.*
8 B. — *Assistance et Maternité.*

SECTION IV. — **CHIMIE DU LAIT**

9 A. — *Recherches scientifiques. Méthodes analytiques.*
10 B. — *Falsifications (Lait, Beurre, etc.).*

SECTION V. — **LÉGISLATION ET ÉCONOMIE LAITIÈRES**

11 A. — *Législation. Assurances.*
12 B. — *Enseignement. Presse. Publications.*
13 C. — *Coopératives et Fruitières.*

SECTION VI.

14 — *Transports. Commerce général.*

ART. 7. — Le Bureau du Congrès organisé par le Comité Français de la Fédération Internationale de Laiterie, prendra toutes les mesures nécessaires pour la préparation et le fonctionnement du Congrès; il rédigera le programme définitif des travaux, recevra et contrôlera au besoin et publiera les communications et les rapports qui lui seront soumis, et statuera en dernier ressort sur tout incident non prévu par le présent règlement.

ART. 8. — Le Président, les Vice-Présidents et les Secrétaires de l'organisation des Sections resteront chargés de la direction générale des travaux. A chaque séance, les membres présents nommeront un président qui dirigera les débats, et ils complèteront, s'il y a lieu, la constitution du Bureau.

Le Secrétaire général dressera le procès-verbal des réunions plénières; les Secrétaires des Sections dresseront les procès-verbaux des séances de Sections et devront remettre dans le plus bref délai, au Secrétaire général, le résumé des débats.

ART. 9. — Les rapports et les communications devront être adressés au Secrétaire général deux mois au moins avant l'ouverture du Congrès; ils devront, autant que possible, comporter au plus cinq pages de texte imprimé grand in-octavo, ils seront rédigés et imprimés en langues Allemande, Française et Anglaise et accompagnés, si le texte original est en langue étrangère, d'un résumé en langue française.

Art. 10. — Les rapports ayant pour but d'exposer l'état d'une question, qui auront été imprimés d'avance et distribués aux Membres des sections, ne seront pas lus en séance; si l'Assemblée le juge nécessaire, le Président pourra demander au rapporteur ou au secrétaire d'en présenter un court résumé. Les communications originales seront lues ou exposées en séance.

Art. 11. — Les orateurs ne pourront parler pendant plus de dix minutes, ni prendre la parole plus de deux fois, dans la même séance, sur le même sujet, à moins que l'Assemblée consultée ou le Président n'en décident autrement.

Art. 12. — Les discussions auront lieu en Français; les rapporteurs qui ne pourraient faire usage de cette langue seront autorisés à se servir de l'Allemand ou de l'Anglais, mais ils seront tenus de remettre au Secrétaire de la Section ou de la Sous-Section un résumé de leur travail, afin que communication puisse en être donnée immédiatement à l'Assemblée. Les observations produites au cours des discussions seront transcrites également par leurs auteurs et remises aux Secrétaires.

Art. 13. — Un compte-rendu complet des travaux du Congrès sera rédigé et publié par les soins du Secrétaire général du Comité Français de la Fédération Internationale de Laiterie; le Bureau du Congrès se réserve de fixer l'étendue des mémoires et communications à livrer à l'impression.

Art. 14. — Dans l'Assemblée générale de clôture, le Congrès procédera au vote des résolutions et vœux adoptés par les Sections et Sous-Sections, ainsi qu'à l'élection du Bureau International permanent et à la désignation des lieux de réunion du troisième Congrès International de Laiterie.

Pour le Comité Français de la Fédération Internationale de Laiterie :

LE PRÉSIDENT,
Dr HENRI RICARD,
Sénateur de la Côte-d'Or.

LE SECRÉTAIRE GÉNÉRAL,
J. TROUDE.

Vu et approuvé :

Pour le Comité permanent directeur de la Fédération Internationale de Laiterie :

LE PRÉSIDENT,
Baron PEERS.

LE SECRÉTAIRE GÉNÉRAL,
ARM. COLLARD-BOVY.

RÉUNIONS DU CONGRÈS

SORBONNE (Grand amphithéâtre). — Réunions plénières d'ouverture (lundi 16 octobre, 11 heures) et de clôture (jeudi 19 octobre, 2 heures) du Congrès.

COLLÈGE DE FRANCE (rue des Ecoles), Téléphone 807-39. — Réunion des Sections et Réunion générale du mercredi 18 octobre, 2 heures.

Les Sections se réuniront et discuteront séparément.

ORDRE DU JOUR GÉNÉRAL

Lundi 16 *octobre*

10 heures. — Réunion plénière d'ouverture du Congrès (Sorbonne), sous la présidence de M. le Ministre de l'Agriculture.

2 heures. — Réunion des Sections.

Mardi 17 *octobre*

9 heures. — Réunion des Sections.

2 heures. — Réunion des Sections.

Mercredi 18 *octobre*

9 heures. — Réunion des Sections.

2 heures. — Réunion générale pour la discussion des questions relatives aux procédés physiques et mécaniques

La Sorbonne

de conservation du lait et des divers produits et sous-produits de la laiterie.

Jeudi 19 *octobre*

9 heures. — Réunion des Sections.

2 heures. — Réunion plénière du Congrès (Sorbonne).

NOTA. — 1° Les cartes de Membre adhérent ou les jetons délivrés aux Congressistes doivent être présentés à l'entrée des salles de réunion.

2° Les Membres du Parlement entrent sur la présentation de leur carte ou de leur insigne.

3° Les Membres de la Presse entrent sur la présentation de la carte spéciale délivrée par le Secrétariat général.

4° Des cartes d'invitation spéciales sont remises aux Congressistes pour les séances plénières d'ouverture et de clôture du Congrès.

5° Les Congressistes peuvent suivre les séances des diverses Sections ; ils sont priés de signer *lisiblement* sur les registres de présence qui leur sont présentés à l'entrée des salles de réunion.

RAPPORTS

Conformément à l'*Avis* ajouté sur la couverture des *Rapports préliminaires* adressés les 5 et 6 octobre aux Congressistes *ayant payé leur cotisation* (sauf aux Congressistes de certains pays étrangers très éloignés), la distribution de ces rapports ne peut être renouvelée.

Les Rapports imprimés depuis le 4 octobre sont remis aux Congressistes sur présentation de leur carte de Membre adhérent. Les Membres adhérents n'ayant pu assister au Congrès recevront ces Rapports en même temps que les compte-rendus et procès-verbaux des séances du Congrès.

BULLETIN DU CONGRÈS

Un *Bulletin* résumant les vœux émis dans les diverses Sections et donnant l'ordre du jour du lendemain, sera remis, chaque jour, à la séance du matin, aux Congressistes, sur la présentation de leur carte.

Collège de France

BUREAUX

SECRÉTARIAT GÉNÉRAL et SERVICE DE LA PRESSE. — *Bureau spécial.* Toutes les communications faites à la Presse ne seront reconnues officielles que si elles émanent du Secrétaire général, M. J. Troude, ou de l'Employé du Secrétariat général. — Délivrance des cartes de Presse. Renseignements généraux.

SERVICES DIVERS. — *Bureau spécial.* Délivrance des cartes et jetons des Membres adhérents ; paiement des cotisations de Membre adhérent ; délivrance et paiement des cartes de banquet ; délivrance des cartes d'invitation pour les séances de clôture et d'ouverture ; délivrance des *Rapports,* etc.

SERVICE DES RENSEIGNEMENTS : HOTELS, RESTAURANTS, THÉATRES, EXCURSIONS, CHANGE, etc. : *Bureau spécial de l'Agence des Voyages Pratiques.* — Inscription pour les excursions ; paiement des cotisations pour l'excursion des Charentes et de la Normandie, etc.

NOTA. — Les Congressistes sont priés de faire inscrire leur adresse à Paris au Bureau des *Services divers.*

CARTES D'ADHÉRENTS. — Les *Cartes* délivrées aux Membres adhérents *ayant payé leur cotisation,* permettent de suivre les séances du Congrès, de prendre part aux Excursions, Réceptions, Banquets, etc., à Paris et en Province, et d'obtenir des réductions de prix dans certains Hôtels et Théâtres.

JETONS. — Des jetons (couleur verte pour les Membres adhérents, couleur rose pour les Membres du Bureau) sont délivrés aux Congressistes sur présentation de la *Carte de Membre adhérent.*

DAMES. — MM. les Congressistes sont invités à se faire accompagner par leurs Dames, en l'honneur desquelles des *Excursions, Promenades et Visites dans la Ville et aux Environs de Paris* seront organisées. Le Comité sera très heureux de voir les Dames assister en grand nombre aux *Réceptions* et au *Banquet* donnés pendant le Congrès. Les Dames sont également priées de s'associer à l'*Excur-*

sion des 21, 22, 23, 24 et 25 octobre : le Comité espère qu'elles répondront à son appel et consentiront à supporter les fatigues de cette longue, *mais très belle et très intéressante* excursion.

BANQUET

Le Banquet du Congrès sera donné sous la présidence de M. Ruau, Ministre de l'Agriculture, le jeudi 19 octobre, à 7 heures 1/2 du soir, dans le grand salon de l'*Hôtel du Palais d'Orsay* (quai d'Orsay, nouvelle gare d'Orléans). Prix de la cotisation : 15 francs. LES DAMES SONT INVITÉES ET LES CONGRESSISTES SONT AUTORISÉS A Y CONVIER LEURS AMIS.

AVIS IMPORTANTS. — Prière de retirer les cartes du banquet au Bureau (*Services divers*) du Collège de France.

Les Congressistes peuvent retenir leurs places aux tables : les numéros des places choisies par eux leur sont remis lors du paiement des cotisations.

EXCURSIONS ET VISITES

Mardi 17 octobre. — Visite de Paris. — Cliniques et œuvres philanthropiques.

HOTEL DE VILLE

Les Congressistes seront reçus à l'Hôtel de Ville, le mardi 17 octobre, à 5 heures du soir.

EXCURSION A VERSAILLES

Mercredi 18 octobre. — Château et parc de Versailles. — Les dames sont seules admises, elles sont invitées par le Comité d'organisation du Congrès.

DUFAYEL

Mercredi 18 octobre. — Visite des Magasins Dufayel, à 5 heures. — Cinématographe. — Concert. — Lunch.

EXCURSION A LA LOUPE

Vendredi 20 octobre. — Départ gare Saint-Lazare, 11 h. 25. — Déjeuner en wagon-restaurant, offert par M. le baron Henri de Rothschild. — Voitures. — Visite de la Laiterie de l' « Œuvre du Bon Lait ». — Lunch. — Rentrée à Paris à 8 h. 30.

HALLES CENTRALES

Vendredi 20 octobre. — Réception aux Halles centrales. — Visites des Pavillons, à 9 heures.

INSTITUT PASTEUR

Vendredi 20 octobre. — Visite des Laboratoires. — Vaccination antirabique, à 9 h. 30.

VISITES DANS PARIS

Exposition spéciale organisée par M. Mazé en l'hon- des congressistes.

SOIRÉE MUSICALE

Une Soirée Musicale sera offerte aux Congressistes par la Société Française d'Encouragement et la Société Laitière. Elle sera donnée le mercredi 18 octobre, à 7 h. 1/2 du soir, dans les Salons de la Société Nationale d'Horticulture, 84, rue de Grenelle.

EXCURSION DANS LES CHARENTES

PROGRAMME GÉNÉRAL

Samedi 21 octobre.

Départ de Paris, 10 heures 15 ; déjeuner dans le train ; arrivée à Niort, 4 heures 5.

Réception à la gare de Niort par l'Association centrale des Laiteries coopératives des Charentes et du Poitou.

Dîner à 6 heures 30 à l'hôtel du Raisin de Bourgogne, offert par l'Association centrale.

Réception des Congressistes par M. le Maire de Niort à l'Hôtel de Ville, à 8 heures 30.

Dimanche 22 octobre.

Départ en voiture à 6 heures du matin.

Arrivée à la Laiterie de la Crèche à 7 heures.

Visite de la Laiterie de La Crèche.

Départ de La Crèche en voiture à 8 heures.

Arrivée à Echiré à 9 heures.

Départ d'Echiré en chemin de fer à 10 heures 31.

Arrivée à Niort à 10 heures 43.

Départ de Niort à 11 heures 3.

Arrivée à Surgères à midi 2.

Déjeuner offert par l'Association centrale des Laiteries coopératives des Charentes et du Poitou.

Visite de la Station et de l'Ecole de laiterie, de la Laiterie coopérative et de la Caséinerie ; excursion à la propriété de M. Rouvier, sénateur de la Charente-Inférieure, président de l'Association.

Départ de Surgères à 5 heures 19.

Arrivée à Rochefort à 6 heures 16.

Dîner au buffet de la gare.

Départ de Rochefort à 7 heures 36.

Arrivée à Bordeaux (Etat), à 11 heures 40.

Lundi 23 octobre

Visite de la ville de Bordeaux.

Départ en voiture à 9 heures 30.

A 3 heures, réception à l'Hôtel de Ville par M. le Maire de Bordeaux.

Mardi 24 octobre.

Départ de Bordeaux (Bastide) à 6 heures 50.

Arrivée à Libourne à 7 heures 26.

Visite des Magasins d'exportation de beurre de M. Pouey.

Départ de Libourne à 9 heures 5.

Déjeuner dans le train.

Visite de la Laiterie et de la Boulangerie coopérative de Dangé.

Arrivée à Paris à 10 heures 33. Dîner dans le train.

Voyage en wagons réservés de 2e classe. — Prix : 165 francs (transport, hôtels, repas, voitures d'excursion, pourboires, etc., *compris*). Les directeurs et des agents de l'*Agence des Voyages Pratiques*, chargés de l'exécution matérielle du voyage, accompagnent les excursionnistes pendant toute la durée du voyage.

PARTIES FACULTATIVES

I — TOURS — BLOIS — CHAMBORD

Mardi 24 Octobre.

Coucher à Tours.

Chateau de Blois

Mercredi 25 Octobre.

Le matin à 8 heures, départ pour Blois, arrivée à 9 heures 7 ; visite de la ville : avenue et place Victor-Hugo, Cathédrale, le Château, aile de Louis XII, salle des Gardes, salle à manger et cabinet du Roi, chapelle de Saint-Calais, salle des Etats, aile de François Ier, escalier, salle des Gardes, galerie de la Reine, appartements de Médicis et de Henri III, salle des Seconds Etats Généraux de Blois, tour des Oubliettes.

Après déjeûner, départ pour Chambord dans les voitures affectées à l'excursion ; visite du château de Chambord : l'escalier à double rampe ; retour à Blois ; Dîner ; départ de Blois à 7 heures 54 ; arrivée à Paris, quai d'Orsay, à 10 heures 33 du soir

Prix supplémentaire (*tous frais compris*) : environ 22 francs.

II — BLOIS — CHAMBORD — NORMANDIE

Jeudi 26 Octobre.

Départ pour la Normandie.

Itinéraire général. — Le Mans ; Caen ; Bayeux et Isigny ; Pays d'Auge (Lisieux, Orbec, Bernay), (fromageries); Trouville ; Le Havre ; Rouen. — Retour à Paris, le 30 octobre ou le 1er novembre.

Des démarches sont faites actuellement auprès des meilleurs producteurs de beurres et de fromages de la Normandie, pour rendre cette excursion utile et agréable. L'itinéraire définitif et le prix seront insérés dans le *Guide des Congressistes.*

AVIS

I. — Les demandes de renseignements et les inscriptions peuvent être adressées au *Secrétariat général du Comité du Congrès*, 61, boulevard Barbès, Paris, ou à l'*Agence des Voyages Pratiques*, 9, rue de Rome. — Les *cotisations* pour les excursions sont reçues par l'*Agence des Voyages Pratiques.*

CHATEAU DE CHAMBORD

II. — L'*Agence des Voyages Pratiques* organise une excursion à Fontainebleau, le dimanche 15 octobre.

VISITE AU CHATEAU ET DANS LA FORÊT DE FONTAINEBLEAU

Vers 7 h. 30 du matin, réunion des Excursionnistes à la gare de Lyon, au contrôle d'entrée des salles d'attente, salle du départ, côté gauche de la gare.

A 8 h. 16, départ. — A 9 h. 35, arrivée à Melun.

Les voitures des *Voyages Pratiques* attendent dans la cour de la gare et l'excursion entre immédiatement en forêt.

La Table du Roi. — La Table du Grand-Maître. — Belle-Croix. — La Croix du Grand-Veneur. — Le Carrefour de la Belle-Epine. — Les Rochers St-Germain. — Barbizon. A 11 h. 30 déjeuner à Barbizon, grand hôtel des Charmettes.

A 1 h., reprise des voitures. — Ascension de la colline d'Apremont. — Le Crapaud. — Panorama des gorges d'Apremont. — La Caverne des Brigands. — Le Chaos ou Désert d'Apremont. — Le Bull-Dogue.

A 2 h., reprise des voitures. — Franchard. — L'Hermitage. — Le Puits sans fond. — La Tortue, — Le Belvédère. — Le Champignon. — L'Eléphant. — Le Boudoir de Paul et de Virginie. — Le Passage de la Grosse-Dame. — La Coquille d'huître. — La Roche qui pleure. — La Roche Tarpéienne.

A 3 h. 30, reprise des voitures. — Fontainebleau. — Visite complète du Château comprenant le Théâtre. — L'Etang des Carpes. — Les Parterres. — Visite de la ville de Fontainebleau en voiture. — Conduite à la gare. — Départ à 6 h. 20 pour Paris, où l'on sera de retour pour dîner.

Prix de l'excursion : 15 fr. 50

Chemin de fer (2me classe), repas, voitures et visite.

Les adhésions doivent être données avant le 14, à midi.

FONTAINEBLEAU

PARIS

ASPECT GÉNÉRAL

Paris est le type de la grande ville bien tenue. Les maisons y sont construites avec goût, sinon avec luxe, et les innombrables voies qui la sillonnent en tous sens, sont, pour la majeure partie, spacieuses et bien aérées. L'utile et l'agréable s'y coudoient dans un harmonieux ensemble.

Les Grands Boulevards, de la Madeleine à la place de la Bastille, et, principalement, de la Madeleine au carrefour Montmartre, sont le rendez-vous par excellence du « Tout Paris » et des Etrangers ; ils centralisent et reflètent fidèlement les impressions de la Grande Ville.

A vrai dire, chaque quartier de Paris a sa physionomie propre et sa clientèle spéciale. Les quartiers de Saint-Germain, des Champs-Elysées, du Bois-de-Boulogne et de Monceau, constituent les quartiers aristocratiques ; celui de l'Opéra est le quartier du luxe et de la vie agréable ; ceux du Centre renferment le gros commerce et les grandes administrations ; les quartiers du Luxembourg et des Ecoles, connus sous le nom de « Quartier Latin », sont le séjour favori des étudiants, et, sur les flancs de la Butte Montmartre, cantonnent les « Rapins » et les « Bohêmes ».

Les coutumes anglaises et américaines se sont implantées dans toute la partie comprise entre la rue Auber, la gare Saint-Lazare, l'avenue de l'Opéra et les Champs-Elysées.

En un mot, Paris est la ville où toutes les exigences trouvent à se satisfaire et qui possède l'inestimable privilège de mettre tous ses visiteurs à l'aise, sans rien perdre de son originalité.

Paris, séparé en deux par la Seine, comprend 20 arrondissements, qui se subdivisent à leur tour en 80 quartiers ;

il compte 2.536.834 habitants. La ville, jusqu'aux fortifications, couvre une superficie de 8.000 hectares, et son circuit est de 34 kilomètres.

Les principales artères de Paris le divisent en parties bien distinctes qui en rendent facile la connaissance topographique. L'avenue des Champs-Elysées, la rue de Rivoli, la rue Saint-Antoine et le faubourg du même nom, le coupent du Nord-Ouest au Sud-Est, tandis que les boulevards de Strasbourg, Sébastopol et Saint-Michel le séparent du Nord-Est au Sud-Ouest. Au nord de la Seine, les Grands Boulevards forment un immense arc de cercle auquel font pendant au Sud, les boulevards Saint-Germain et Henri IV.

PLAN POUR LA VISITE DE PARIS

Paris peut être visité, d'une façon succincte, en trois sorties :

Opéra.

A. — De la place de l'Opéra par la place Clichy, à Montmartre, le Sacré-Cœur, Panorama de Paris, les Boulevards Extérieurs, les Buttes-Chaumont, le Père-Lachaise, la place de la République, les Grands Boulevards.

B. — La Bourse, les Halles, la Tour Saint-Jacques,

CONCORDE

la rue de Rivoli, l'Hôtel de Ville, la place de la Bastille, le quartier des Ecoles, Cluny, le Panthéon, la Sorbonne, le Luxembourg, la place Saint-Michel, le Palais de Justice, la Sainte-Chapelle, le Louvre et les Tuileries.

C. — La Madeleine, le Ministère de la Marine, la place de la Concorde, la Chambre des Députés, le quai d'Orsay, les Invalides, le Grand et le Petit Palais, le Champ de Mars, la Tour Eiffel, le Trocadéro, le Bois de Boulogne, la place de l'Etoile, les Champs-Elysées, l'Elysée.

MOYENS DE COMMUNICATIONS

1° FIACRES. — Depuis 1904, après des essais heureux, l'emploi du *taximètre* s'est généralisé. Il est très commode, en ce sens surtout, que l'on sait facilement ce que l'on doit payer.

Il y a deux manières d'utiliser les fiacres : *à la course* ou *à l'heure* ; on prévient le cocher en l'arrêtant et après être monté dans la voiture. Le cocher doit aussitôt baisser le drapeau sur lequel est inscrit le mot « Libre », lorsqu'il est inoccupé et mettre le cadran au tarif indiqué : *au kilomètre* ou *à l'heure*.

Le compteur marque aussitôt 0 fr. 75 qui, les premiers 400 mètres franchis, s'augmentent de 0 fr. 10.

a) Tous les 400 mètres, s'il est *à la course* ;

b) Toutes les 3 minutes s'il est *à l'heure*.

A la fin, il n'y a à payer au cocher que la somme indiquée, plus un pourboire qui peut être calculé à raison de 0 fr. 20 pour une petite course, à 0 fr. 35 pour une course plus longue, et 0 fr. 50 par heure.

Ne jamais monter en voiture sans demander au cocher son *numéro*, et sans lui dire si vous le prenez *à l'heure* ou *à la course*.

Conserver avec soin le numéro, et, en cas de perte d'objets, ou de réclamation, s'adresser à un agent de police.

2° OMNIBUS ET TRAMWAYS. — Les omnibus circulent dans tout Paris depuis 7 heures du matin jusqu'à minuit 30 ; ils sont d'une grande ressource pour tout le

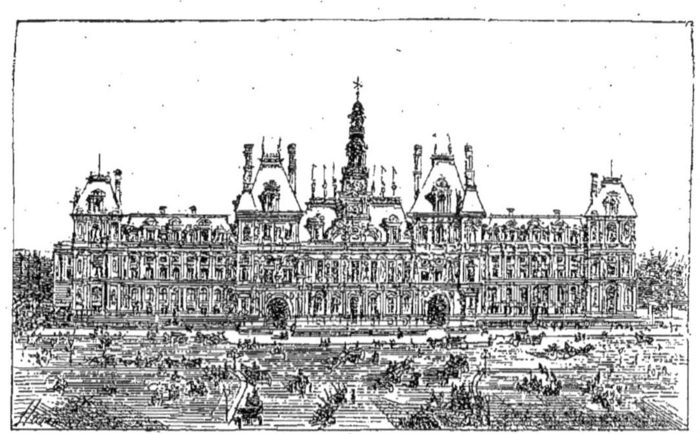

Paris. — Hotel de Ville

monde. Leur usage est assez compliqué pour les étrangers.

Prix des places : Impériale, 0 fr. 15 ; intérieur, 0 fr. 30 ; avec correspondance, prix unique, 0 fr. 30.

3° MÉTROPOLITAIN. — Les trains mus par l'électricité, se succèdent de 6 heures du matin à 8 heures du soir, de trois en trois minutes ; autres heures, départ toutes les dix minutes ; prix des places : 1re classe, 0 fr. 25 ; 2e classe, 0 fr. 15. — Achat de tickets par séries de 20.

Trois lignes sont actuellement en exploitation :

N° 1. — De la porte de Vincennes à la porte Maillot (Bois de Boulogne), passant par la gare de Lyon, la place de la Bastille, la rue de Rivoli, les Champs-Elysées, la place de l'Etoile.

N° 2. — De la porte Dauphine à la Nation, en passant par les Boulevards Extérieurs, l'Etoile, la place Clichy, le boulevard Barbès, la Villette, le Père-Lachaise.

Cette ligne communique avec la première à l'Etoile et à la Nation.

N° 3. — De l'avenue de Villiers à la place Gambetta, en passant par la gare Saint-Lazare, place de l'Opéra, la Bourse, le Sentier, le Temple, place de la République. Elle joint par ses deux bouts la ligne n° 2.

Il y a deux embranchements : 1° de la place de l'Etoile à la porte Dauphine ; 2° de la place de l'Etoile au Trocadéro, place de l'Etoile, avenue Kléber, rue Boissière, place du Trocadéro.

4° BATEAUX A VAPEUR. — 1er *Service*. — Du pont d'Austerlitz au quai d'Auteuil (Point-du-Jour).

La semaine, 0 fr. 10 ; les dimanches et fêtes, 0 fr. 20, quel que soit le trajet. Départ de dix minutes en dix minutes, et quelque fois plus souvent.

Stations desservies par le premier service : pont d'Austerlitz, pont de Sully, Hôtel de Ville, le Châtelet le Louvre, pont Royal, pont de la Concorde, pont des Invalides, pont de l'Alma, Trocadéro, quai de Passy, pont de Grenelle, la Galiote, quai d'Auteuil.

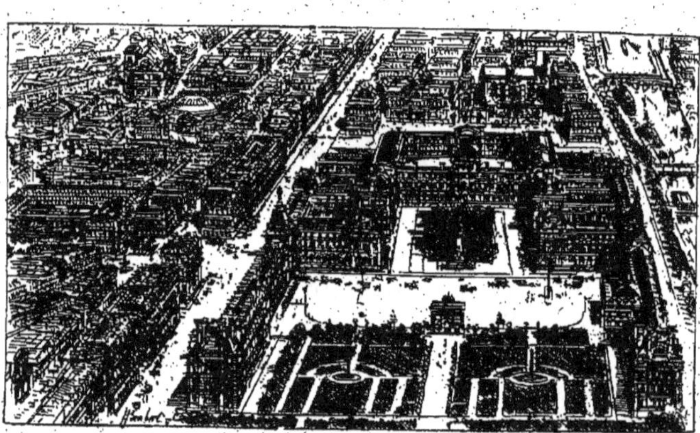

CARROUSEL

2e *Service.* — Du pont de Charenton à Auteuil.

La semaine, 0 fr. 10 ; les dimanches et fêtes, 0 fr. 20, du pont d'Austerlitz à Auteuil, et 0 fr. 20 la semaine et 0 fr. 25 les dimanche et fêtes, du pont de Charenton à Auteuil.

3e *Service.* — Du quai des Tuileries à Saint-Cloud et à Suresnes.

Prix des places : En semaine, 0 fr. 20 ; dimanches et fêtes, courses et revues de Longchamp, 0 fr. 40.

Départ du pont Royal toutes les demi-heures.

Stations desservies : pont de la Concorde, pont de l'Alma, quai de Passy, quai d'Auteuil, Billancourt, Bas-Meudon, Funiculaire de Bellevue, Sèvres, Boulogne, Saint-Cloud, Suresnes, Longchamp (les journées de courses).

POSTES

On peut affranchir, recommander ou charger des lettres, boîtes, etc., envoyer des mandats d'articles d'argent, et en toucher dans tous les bureaux de Poste de Paris, tous les jours, de 8 heures du matin à 9 heures du soir (les dimanches et jours fériés, les bureaux sont fermés à midi). Mais si l'on veut qu'une lettre parte par les courriers du soir, il faut qu'elle soit déposée :

Avant 5 heures aux bornes-postes et boîtes de quartiers ; avant 6 heures aux bureaux ordinaires ; avant 6 heures 30 à la grande Poste et certains bureaux de quartier, dont celui de la Bourse, avenue de l'Opéra, rue des Capucines, Grand-Hôtel ; avant 7 heures gare du Nord (pour la Belgique, Hollande, Allemagne), gare Saint-Lazare (pour Londres et l'Ouest), gare de l'Est (pour la Suisse et l'Autriche), gare de Lyon (pour l'Italie).

1° TARIF INTÉRIEUR. — *Lettres ordinaires.* — Taxe uniforme pour Paris, la France, la Corse, l'Algérie et la Tunisie, affranchies jusqu'à 15 grammes, 0 fr. 15, et ainsi de suite, en ajoutant 15 centimes par 15 grammes.

Lettres recommandées. — Elles ne paient qu'un droit

TROCADÉRO

fixe de 0 fr. 25 en plus de l'affranchissement des lettres ordinaires.

2° TARIF POUR L'ÉTRANGER. — *Union Postale universelle.* — Lettres ordinaires affranchies : prix uniforme, 0 fr. 25 par 15 grammes; cartes postales, 0 fr. 10; cartes lettres, 0 fr. 25.

Cartes postales illustrées : Tarifs spéciaux pour l'Etranger.

TÉLÉGRAPHES

Les bureaux sont ouverts, comme ceux de la poste, le matin et jusqu'à 9 heures du soir.

Sont ouverts jusqu'à 11 heures du soir : les bureaux des Champs-Elysées, de la gare de Lyon, de la place de la République, de la gare du Nord, de la gare d'Orléans ;

Jusqu'à minuit : les bureaux du Grand-Hôtel, de l'avenue de l'Opéra et de la gare Saint-Lazare.

1° TARIF INTÉRIEUR. — De Paris pour Paris (limites de l'octroi). *Cartes pneumatiques*, échangées par voie des tubes pneumatiques et indépendantes du nombre des mots : 0 fr. 30.

TÉLÉGRAPHIE PRIVÉE

Entre deux bureaux de la France continentale (Corse, Monaco et la vallée d'Andorre) : Jusqu'à 10 mots, 0 fr. 50 ; au-dessus de 10 mots, par mot supplémentaire, 0 fr. 05.

Tarif Franco-Algérien-Tunisien. — Jusqu'à 10 mots: 1 franc ; au-dessus de 10 mots, par mot supplémentaire, 0 fr. 10.

Tarif Européen (voie normale). — Pour les pays suivants, la taxe par mot (15 caractères), est de : Allemagne, 0 fr. 20 ; Autriche-Hongrie, 0 fr. 25 ; Belgique (correspondance frontière), 0 fr. 10; Belgique (correspondance générale), 0 fr. 15 ; Brésil (Pernambouc), 3 fr. 75 ; Bulgarie, 0 fr. 35 ; Canada, 1 fr. 25 ; Danemark, 0 fr. 30 ; Espagne, 0 fr. 20 ; Etats-Unis d'Amérique (New-York), 1 fr. 25 ; Washington, 1 fr. 90, Gibraltar, 0 fr. 25 ; Grande-

Bretagne et îles de la Manche, 0 fr. 20 ; Italie, 0 fr. 20 ; Luxembourg (relations frontières), 0 fr. 05 ; Luxembourg (relations générales), 0 fr. 125 ; Malte (île de), 0 fr. 40 ; Maroc (Tanger) 0 fr. 40 ; Norwège, 0 fr. 40 ; Pays-Bas, 0 fr. 20; Portugal, 0 fr. 20; République Argentine, 4 fr. 80; Roumanie, 0 fr. 30 ; Russie d'Europe et du Caucase, 0 fr. 50 ; Serbie, 0 fr. 30 ; Suède, 0 fr. 35 ; Suisse (relations frontières), 0 fr. 10 ; Suisse (relations générales), 0 fr. 15 Turquie d'Europe et d'Asie, 0 fr. 55.

TÉLÉPHONES

COMMUNICATIONS URBAINES. — 1° A Paris : 0 fr. 25 par 5 minutes ; dans les autres réseaux, 0 fr. 15 par 3 minutes.

2° Avec la Banlieue : 0 fr. 25 par 3 minutes.

3° Avec la Province : jusqu'à 25 kilomètres, 0 fr. 25 par 3 minutes ; au-dessus, par 100 kilomètres ou fraction. 0 fr. 50 par 5 minutes.

Dans chaque bureau, café important, cercle, l'annuaire des abonnés peut être consulté et une communication obtenue.

MESSAGES TÉLÉPHONÉS. — Ces messages peuvent être envoyés : 1° Dans l'intérieur d'un même réseau, siège d'un service de distribution télégraphique ; 2° Entre localités reliées téléphoniquement et sièges d'un service de distribution télégraphique, lorsque ces deux localités ne sont pas distantes de plus de 25 kilomètres.

Tarif : 0 fr. 50 par 3 minutes.

AMBASSADES ET AGENCES DIPLOMATIQUES

Allemagne, rue de Lille, 78; Consulat, 123, rue de Lille; Argentine (répub.), avenue Kléber, 87 ; Autriche-Hongrie, rue de Varenne, 57 ; Bavière, rue de l'Université, 110; Belgique, rue du Colysée, 38 ; Bulgarie, avenue Kléber, 94; Brésil, rue de Lisbonne, 47 ; Canada, rue de Rome, 10;

Chili, rue Marbeuf, 35; Chine, 57, rue de Babylone; Colombie, rue Pierre-Charron, 16; Danemark, rue d'Hauteville, 53; Egypte, à la légation de Turquie; Espagne, boulevard de Courcelles, 34; Etats-Unis, avenue Kléber, 18; Grande-Bretagne et Irlande, rue du Faubourg-Saint-Honoré, 39; Grèce, rue Saint-Philippe-du-Roule, 7; Italie, rue de Grenelle, 73; Japon, avenue Marceau, 75; Luxembourg, rue du Colysée, 38; Mexique, rue Alfred-de-Vigny, 7; Monaco, Frédéric-Bastiat, 5; Pays-Bas, villa Michon, 6; Perse, place d'Iéna, 1; Portugal, avenue Friedland, 30; Roumanie, avenue Montaigne, 33; Russie, rue de Grenelle-St-Germain, 79; Serbie, rue de la Chaussée-d'Antin, 66; Suède-Norwège, avenue d'Iéna, 56; Suisse, rue Marignan, 15 *bis*; Turquie, rue de Presbourg, 10.

MINISTÈRE DE L'AGRICULTURE

78, rue de Varenne

Ministre : M. Ruau

Directeur du Cabinet : M. Dariac. — *Chefs adjoints* : MM. Sarrien, Legrand, Dor et Goudchaux. — *Secrétariat particulier* : MM. Reingeisen, directeur; Bironneau, Ribet et Lasmartre, secrétaires.

1° *Direction du Secrétariat, Personnel, Comptabilité.* — Directeur, M. Cabaret. — 1er Bureau, chef : M. Robert; sous-chefs : MM. Roger et Amaury. — 2e Bureau, chef : M. Personne; sous-chef : M. Wery.

2° *Direction de l'Agriculture.* — Directeur : M. Vassilière ; sous-directeur, M. Mamelle. — 1er Bureau, chef : M. Mamelle ; sous-chef : M. Pradès. — 2e Bureau, chef : M. Cayol; sous-chef, M. Thioly. — 3e Bureau, chef : M. Marsais ; sous-chefs : MM. Vanveers et Famechon. — 4e Bureau, chef : M. Allard ; sous-chef : M. Moyen.

3° *Direction générale des Eaux et Forêts.* — Directeur : M. Daubrée ; sous-directeur : M. Lafosse. — 1er Bureau, chef : M. Mongenot ; sous-chefs : MM. Geneau et Millet.

Institut Pasteur

— 2e Bureau, chef : M. Recopé ; sous-chefs : MM. Vaney et Fortier. — 3e Bureau, chef : M. Bert ; sous-chefs : MM. Millot et Thil ; chef conservateur des Eaux et Forêts : M. Mersey.

4° *Direction de l'Hydraulique et des Améliorations agricoles.* — Directeur : M. Dabat. — 1er Bureau, chef : M. Thibault ; sous-chefs : M. Guillebeau. — 2e Bureau, chef : M. Marignac ; sous-chef : M. Faber.

Caisses régionales de Crédit agricole. — Chef : M. Decharme ; sous-chef : M. Gentil.

Service technique et Secrétariat des Commissions consultatives. — Chef : M. Trotté ; ingénieur attaché au Service technique : M. Sévy.

5° *Direction des Haras.* — Directeur : M. Hornez. — 1er Bureau, chef : M. Leroy ; sous-chef : M. Berdin. — 2e Bureau, sous-chef : M. Simonnin.

CONSEIL SUPÉRIEUR DE L'AGRICULTURE

BUREAU :

Président : Le Ministre de l'Agriculture ; *Secrétaire* : M. Mamelle.

Principales Institutions, Écoles et Etablissements techniques pouvant intéresser les Membres du Congrès

Assistance publique, 3, avenue Victoria. Directeur de l'administration : M. G. Mesureur.

Bergerie nationale, Rambouillet (Seine-et-Oise). Directeur : M. Maurice.

Collège de France, 45 et 47, rue des Ecoles. Administrateur : M. C. Levasseur.

Conservatoire national des Arts et Métiers, 292, rue Saint-Martin. Directeur du Conseil d'administration : M. Gabriel Chandèze.

Ecole centrale des Arts et Manufactures, 1, rue Montgolfier. Directeur : M. Buquet ; sous-directeur : M. Hegelbacher.

Institut national Agronomique

Ecole nationale d'Agriculture, Grignon (Seine-et-Oise). Directeur : M. Trouard-Riolle.

Ecole nationale d'Horticulture, Versailles (Seine-et-Oise). Directeur : M. Jules Nanot.

Ecole supérieure de Pharmacie, 4, avenue de l'Observatoire. Directeur : M. Guignard.

Ecole municipale de Physique et Chimie, 42, rue Lhomond. Directeur : M. Haller.

Ecole Vétérinaire, Maisons-Alfort (Seine). Directeur : M. Barrier.

Etablissement Vilmorin, à Paris, 4, quai de la Mégisserie, et à Verrières (Seine-et-Oise).

Ecole normale supérieure, 45, rue d'Ulm. Directeur : M. Georges Perrot.

Faculté des Sciences et Ecole pratique des Hautes Etudes, à la Sorbonne, 21, rue de la Sorbonne.

Faculté de Médecine, 12, rue de l'Ecole-de-Médecine. Doyen : M. le docteur Debove.

Halles centrales de Paris, commissariat spécial, 34, rue des Halles. Commissaire : M. Guichard.

Institut agronomique, rue Claude-Bernard, 16. Directeur : M. le docteur Régnard ; sous-directeur : M. Wery.

Institut Pasteur, 28, rue Dutot. Directeur : M. le docteur Roux.

Jardin Colonial et Ecole supérieure d'Agriculture coloniale, à Nogent-sur-Marne. Directeur : M. Dybowski.

Jardin d'Acclimatation, bois de Boulogne.

Laboratoire de Chimie, de Microbiologie, Technologie industrielle, Mécanique agricole, etc.

Marché et Abattoirs de la Villette, rue de Flandre et rue d'Allemagne.

Musée social, 5, rue Las-Cases. Directeur : M. Mabilleau.

Museum d'Histoire naturelle et Jardin des Plantes, place Valhubert et 2, rue Buffon. Directeur : M. Edmond Gerrier.

Station d'essai des Semences. Directeur : M. Schribaux ; chef des travaux : M. Bussard.

PRÉFECTURE DE POLICE (Services dépendant de la)

1° *Laboratoire municipal de Chimie*, à la Préfecture de Police. Chef : M. Girard ; sous-chefs : MM. Sangli, Ferrière et Moréal de Brévans.

2° *Laboratoire de Toxicologie*. Chef : M. Ogier.

3° *Inspection vétérinaire sanitaire de Paris et du département de la Seine*, 2, quai du Marché-Neuf. Chef du service technique : M. Henri Martel.

4° *Service des réclamations, d'objets perdus*. Se munir d'un certificat d'identité et de domicile, portant désignation de l'objet, et se présenter à la Fourrière, 19, rue de Pontoise, le certificat est délivré par les commissaires de police de quartier.

HOPITAUX

I. — HOPITAUX GÉNÉRAUX

Service de l'Assistance publique, 3, avenue Victoria.

Hôtel-Dieu (828 lits), place Notre-Dame.
Hôpital de la Pitié (729 lits), rue Lacépède, 1.
Hôpital de la Charité (650 lits), rue Jacob, 47.
Hôpital Saint-Antoine (790 lits), Faubourg-Saint-Antoine, 184.
Hôpital Necker (479 lits), rue de Sèvres, 151.
Hôpital Cochin (498 lits), Faubourg-Saint-Jacques, 47.
Hôpital Beaujon (581 lits), Faubourg-Saint-Honoré, 208.
Hôpital Lariboisière (968 lits), rue Ambroise-Paré, 2.
Hôpital Tenon (919 lits), rue de la Chine, 4.
Hôpital Laënnec (633 lits), rue de Sèvres, 42.
Hôpital Bichat (195 lits), (maladies générales), boulevard Ney, bastion 39, près la porte Saint-Ouen.
Hôpital Andral (100 lits), rue des Tournelles, 35.
Hôpital Broussais (270 lits), 96, rue Didot.
Hôpital Boucicault (256 lits), rue de la Convention, 62.

II. — HOPITAUX SPÉCIAUX

Hôpital Saint-Louis (1.361 lits), rue Bichat, 40. (Maladies cutanées, dartres, teignes, gales, etc.). Musée pathologique.

Hôpital Cochin-Annexe (ancien hôpital Ricord), (317 lits), boulevard de Port-Royal, 111. (Hommes : maladies vénériennes et maladies de la peau.)

Hôpital Broca (291 lits), rue Broca, 111. (Femmes : maladies vénériennes, maladies de la peau et chirurgie gynécologique.)

Hôpital des Enfants-Malades (Enfant-Jésus) (742 lits), rue de Sèvres, 149. (Enfants de 1 jour à 15 ans.)

Hôpital Trousseau (244 lits), rue Michel-Bizot, 158. (Enfants.)

Hôpital Bretonneau (256 lits), rue Carpeaux, 2. (Enfants.)

Hôpital Hérold (223 lits et berceaux), place du Danube, 5. (Enfants.)

Maternité (338 lits ou berceaux, et 100 lits d'élèves sages-femmes), boulevard du Port-Royal, 119. (Maison et Ecole d'accouchement.)

Maison d'accouchement Baudelocque (178 lits), boulevard de Port-Royal, 125.

Hôpital de la Clinique d'accouchement (clinique Tarnier), (216 lits), rue d'Assas, 89.

Maison municipale de Santé (310 lits), rue du Faubourg-Saint-Denis, 200.

III. — HOSPICES

Hospice de la Salpêtrière (3.150 indigents, 724 aliénés), boulevard de l'Hôpital, 47.

Hospice Debrousse (200 vieillards des deux sexes), rue de Bagnolet, 148 et 150.

Hospice des Enfants-Assistés (980 lits), rue Denfert-Rochereau, 74.

Hospice national des Quinze-Vingts (Ministère de l'Intérieur), rue de Charenton, 28.

Fondation Parent de Rozan (reçoit 120 orphelins d'artistes), villa de la Réunion, 3.

IV. — MAISONS DE RETRAITE

Maison de la Rochefoucauld (229 lits), avenue d'Orléans, 15.

Institution Sainte-Périne (250 lits), rue Chardon-Lagache, 11.

Maison de retraite Chardon-Lagache (150 lits), rue Chardon-Lagache, 1.

Fondation Rossini (50 lits), rue Mirabeau, 29.

V. — ÉTABLISSEMENTS DE SERVICE GÉNÉRAL DES HOPITAUX

Pharmacie centrale, quai de la Tournelle, 47.

Boulangerie centrale, rue Scipion, 13.

Boucherie centrale (abattoir de Vaugirard), rue des Morillons.

Cave centrale (Entrepôt général des Vins), butte de la Seine, 58.

Approvisionnement central (Halles Centrales, pavillon).

Magasin central des Hôpitaux et Hospices, boulevard de l'Hôpital, 89 et 91.

Ambulances urbaines (blessés), Hôpital Saint-Louis, rue Bichat, 40.

Ambulances municipales (malades), rue de Chaligny, 21, rue de Caulaincourt, 102, poste central, avenue Victoria, 5.

ENVIRONS DE PARIS

Les excursions aux environs de Paris les plus recommandées, sont celles de Versailles, Fontainebleau, Compiègne et Saint-Germain.

Le meilleur moyen de les effectuer est certainement de se joindre aux sorties organisées le dimanche par les principales Agences de voyage.

GUIDES DE PARIS

Aux personnes désirant avoir des renseignements plus détaillés, pour la visite de Paris, nous pouvons recommander :

Le Guide Conty : Paris en poche (prix 2 fr. 50) ; Le *Guide Joanne* : Paris et ses environs ; Le *Guide Baedeker* : Paris et ses environs.

Remise spéciale aux membres du Congrès, en s'adressant aux *Voyages Pratiques*, 9, rue de Rome.

HOTELS

	RÉDUCTIONS	
	Ensemble	Appartement
Bourgogne (Hôtel de).............. 7, rue de Bourgogne.	10 %	»
Calvados (Hôtel du)............... 20, rue d'Amsterdam.	10 %	»
Continental (Hôtel)............... 3, rue Castiglione.	»	10 %
Europe (Hôtel de l').............. 15, rue de Constantinople.	»	10 %
International (Hôtel).............. 60, avenue d'Iéna.	10 %	»
Paris-Nice (Hôtel de)............. 38, Faubourg-Montmartre.	10 %	»
Russie (Hôtel de)................ 1, rue Drouot.	»	10 %
Terminus-Nord (Hôtel)............ 12, boulevard Denain.	10 %	»
Soufflot (Hôtel-Pension)............ 9, rue Toullier.	10 %	»
Hollande (Hôtel de)............... 31, rue Radziwill.	6 %	»

	RÉDUCTIONS	
	Ensemble	Appartement
National (Hôtel) .... 11, rue Notre-Dame-des-Victoires.	6%	»
Angleterre (Hôtel d') .... 38, Faubourg-Saint-Honoré.	»	5 et 7%
Amirauté (Hôtel de l') .... 5, rue Daunou.	5%	»
Bade (Hôtel de) .... 30, boulevard des Italiens.	5%	»
Bavière (Hôtel de) .... 11, rue Richer.	5%	»
Moderne (Hôtel) .... place de la République.	5%	»
Modern hotel Lafayette (Hôtel) ...... 60, rue Lafayette.	»	5%
Mollard (Hôtel) .... 113, rue Saint-Lazare.	5%	»
Orléans (Hôtel d') .... 17, rue de Richelieu.	5%	»
Victoria (Hôtel) .... 19, cité d'Antin.	5%	»
Magenta (Hôtel) .... 129, boulevard Magenta.	1^r p. ch. 3f50 au lieu de 4f50	

LA LAITERIE DANS L'OUEST DE LA FRANCE

Association Centrale des Laiteries coopératives des Charentes et du Poitou

La première Laiterie coopérative de l'Ouest a été créée en 1887, dans le hameau de Chaillé, à trois kilomètres de Surgères. Elle commença à fonctionner en janvier 1888, au moyen d'appareils à bras. Le succès fut si rapide qu'il fallut vite recourir aux appareils mus par la vapeur, et bientôt d'autres sociétés se créèrent dans le voisinage. On en voit fonder 3 en 1889 ; 15 en 1890, et aujourd'hui, il en existe 109, la plupart comprises dans les trois départements de la Charente-Inférieure, des Deux-Sèvres et de la Vendée.

Le mouvement s'étend d'ailleurs aux départements limitrophes, et depuis quatre ou cinq ans, on voit même surgir des Laiteries coopératives dans la Drôme, la Dordogne, la Manche, la Seine-Inférieure, les Ardennes, la Sarthe, l'Indre-et-Loire, l'Ille-et-Vilaine, etc., etc.

La Laiterie coopérative a été le salut du cultivateur charentais, complètement ruiné en 1881-1883, par la disparition des vignes, conséquence de l'invasion phylloxérique.

Dans le désarroi général, certains esprits pensèrent que la vigne n'était pas la seule culture possible dans une région en somme favorisée par son climat et sa situation géographique.

La vache laitière y était à peu près inconnue, et on n'y pouvait avoir la fumure, sous forme de fumier de ferme, supposée indispensable à la culture des terres pour la production des fourrages et des céréales.

Heureusement vint la loi de 1884 sur les Syndicats agricoles, et le syndicat de Surgères, sitôt constitué, rendit aux cultivateurs les plus signalés services, en leur procurant les engrais chimiques, les instruments aratoires et tout l'outillage indispensable à la culture du sol.

L'on pratiqua donc l'élevage et l'on arriva à constituer un petit cheptel représenté principalement par des vaches laitières.

Ceci se passait en 1884-1887.

C'est alors que pour tirer le meilleur parti de ce lait, dont la richesse beurrière était exceptionnelle, un cultivateur de Chaillé, M. Bireau, encouragé par M. Rouvier, aujourd'hui président de l'Association des Laiteries coopératives des Charentes et du Poitou, ayant d'ailleurs

BORDEAUX

eu sous les yeux quelques laiteries industrielles établies à Surgères, au Vanneau, etc., songea qu'il serait plus simple et en même temps plus avantageux d'écrémer par le même appareil, le lait de tous les cultivateurs d'un même village.

Le noyau fut constitué à Chaillé, et la Laiterie coopérative était née. Le travail à bras fut remplacé par des appareils plus puissants mus par la vapeur, on fit des statuts, on emprunta l'argent nécessaire, et la prospérité de la jeune société décida les cultivateurs de Marsais, de Saint-Mard, de Courçon, de Damvix, etc., etc., à suivre la nouvelle voie trouvée et à créer des Laiteries coopératives.

C'était alors de fort modestes installations, placées un peu partout au hasard des circonstances et sans autres considérations que celles que dictaient les influences locales.

On n'y voyait qu'une annexe de la ferme, et on apportait dans leur construction toute la parcimonie que chaque cultivateur aurait pu désirer pour sa propre exploitation.

L'idée qu'une Laiterie coopérative pouvait devenir une usine véritable n'était pas encore née, et ce n'est que vers 1894-1895, qu'apparaissent les premières installations vraiment étudiées et dignes de groupements aussi importants que les Sociétés coopératives des Charentes et du Poitou.

Une Laiterie coopérative de moyenne importance reçoit par jour 5.000 litres en hiver, 10.000 litres en été, et a coûté d'installation 70 à 80.000 francs. Mais si l'on prend l'une de nos plus puissantes sociétés, il faut compter sur une quantité journalière de lait de 12.000 litres en hiver et 25.000 en été. J'ai constaté en mai 32.800 litres de lait, le même jour, à Mareuil-sur-Lay.

Le tableau ci-après donnera d'ailleurs une idée du développement des Laiteries coopératives dans les Charentes et le Poitou.

ANNÉES	NOMBRE de Sociétés	NOMBRE de Sociétaires	NOMBRE de Vaches	Quantité de Lait	Kilogr. de Beurre	RECETTES totales
1888	1	90	330	589.600	31.000	92.000
1889	4	400	2.176	2.464.000	92.100	325.000
1890	19	4.380	9.792	14.174.200	690.000	1.603.000
1891	27	8.722	18.974	28.376 400	1 410.200	3.802.000
1892	36	12.061	26.071	39.759.400	1.939.500	5.234 200
1893	50	17.878	37.417	52 915.000	2.589.000	7.415.600
1894	59	23.938	49.947	75.138.800	3.633.000	9.501.900
1895	64	28.536	59.417	91.021.000	4.331.300	11.167.500
1896	70	32.922	73 124	108.519 200	5.232.900	12.250.000
1897	81	39.153	91.647	133.488.200	6.338.100	15.344.000
1898	88	43.868	105.838	144.470.000	6.828.800	17.600.000
1899	97	46.519	113.844	155.976.000	7.358.500	20.300.000
1900	98	48.850	116.266	151.146.000	7.293.000	20.680.000
1901	98	49.620	118.114	164.887.000	7.630.000	23.132.000
1902	99	50.528	119.061	177 000.000	8.190.000	24.000.000
1903	102	52.931	127 215	205.000.000	9.700.000	25.500.000
1904	106	54.420	131 057	188.786.000	8.987.000	26.000.000

102 de ces Laiteries coopératives ont constitué une Association ou Syndicat, dont l'action se multiplie de plus en plus, et qui, après avoir fait créer, en 1897, sur l'impulsion de M. Rouvier, sénateur, un inspectorat des laiteries, a organisé en 1899 le premier service de transport des beurres par wagons réfrigérés, en France. Elle possède aujourd'hui quinze de ces wagons et un personnel spécial pour la réception et l'arrimage des beurres. Un agent général, résidant à Paris, la représente à défaut de son président ou de son inspecteur, et s'occupe de ses intérêts, quand il y a lieu. C'est à lui que sont adressés tous les beurres à destination des Halles centrales, soit 6 à 7 millions de kilogrammes par an.

L'Association a, outre son inspecteur, des ouvriers experts qu'elle met à la disposition des laiteries syndiquées. Elle assure contre les accidents du travail le personnel de ses 102 coopératives. Enfin, elle vient de fonder, à côté de la station d'Industrie laitière de Surgères, une Ecole professionnelle de Laiterie, dont elle assure le fonctionnement par une contribution financière annuelle en même temps qu'elle a mis entre les mains de l'Etat l'immeuble où se trouve ledit établissement.

Un service de primes, tant pour l'ancienneté de service que pour les aptitudes professionnelles va être très prochainement appliqué au personnel des laiteries syndiquées et il est incontestable que par l'Ecole de Laiterie de Surgères, l'Association arrivera très rapidement à transformer, comme il convient à une industrie toujours en progrès, ce personnel qui, jusqu'à ce jour, n'a pas pu recevoir la préparation technique désirable.

P. D.

LAITERIE COOPÉRATIVE DE SURGÈRES

De création relativement récente, la Laiterie coopérative de Surgères est une des mieux installées et des mieux comprises de toute la région.

Surgères

Elle a été fondée en 1894 par son président actuel, M. Rouvier, et a commencé à fonctionner le 1er novembre de la même année.

La raison de la non-existence à Surgères d'une Laiterie coopérative avant 1894, tient à ce qu'il y avait dans cette localité une laiterie industrielle exploitée par un homme qui avait la sympathie de toute la population.

Mais, par suite d'un manque complet de contrôle, et aussi à cause de l'incompétence du propriétaire et du personnel directeur de cette laiterie, la situation de cette industrie devenait chaque année plus mauvaise, et elle périclita vers 1890-1891, pour disparaître en 1893.

La création de la Coopérative de Surgères était facilitée au point de vue de l'aménagement, en ce sens que, déjà l'on pouvait trouver d'autres établissements similaires, les visiter et profiter de l'expérience acquise. C'est là une des raisons de la supériorité très grande de la Laiterie de Surgères, comme installation sur les laiteries voisines.

Mais, d'autre part, il y avait de nombreuses difficultés à surmonter pour réunir assez de sociétaires dans un centre qui était déjà couvert de coopératives laitières, puisque la première créée n'en est qu'à 3 kilomètres, et d'autres à 4, 6, 8 kilomètres.

La Société de Surgères, en présence des engagements pris pour un certain nombre d'années par beaucoup de cultivateurs de cette commune et des communes voisines, dut se contenter des débris de la Laiterie industrielle et se trouva dans l'obligation de s'étendre au delà des autres coopératives pour arriver à un total de lait suffisant pour contrebalancer ses frais généraux.

Cette situation ne découragea pas M. Rouvier et ses collaborateurs, qui eurent bientôt la satisfaction de voir grossir considérablement le nombre des adhérents à la Laiterie de Surgères, par la disparition de la petite Laiterie coopérative de Boisseuil, située à 6 ou 7 kilomètres.

Le tableau suivant donne l'accroissement progressif de la Société de Laiterie de Surgères depuis sa fondation.

L'usine de Surgères a coûté environ 100.000 francs,

Surgères

LAITERIE COOPÉRATIVE DE SURGÈRES

TABLEAU indiquant les opérations de la Société du 1er novembre 1894 au 31 décembre 1904

OPÉRATIONS	1894	Novembre et décembre 1894 et 1895	1896	1897	1898	1899	1900	1901	1902	1903	1904
Nombre de Sociétaires au 31 décembre	Le 1er Novembre 1894, époque de la fondation de la Société il y avait 200 Sociétaires et 500 vaches assurées.	313	436	445	471	498	500	502	504	507	515
Nombre de vaches assurées		868	1.315	1.400	1.534	1.508	1.477	1.463	1.460	1.501	1.538
Nombre de vaches en lactation		724	1.096	1.167	1 279	1.257	1.231	1.220	1.217	1 251	1.282
Lait livré par les Sociétaires		1.599.674^{l}5	1 979 169^{l}	2.355.766^{l}5	2.238 007^{l}	2.315.948^{l}	2 273.319^{l}	2.354.355^{l}	2.480.404^{l}	1.698.609^{l} (1)	2.361.120 (
Production annuelle par vache		»	1 805^{l}	2.018^{l}	1.749^{l}	1 842^{l}	1.846^{l}	1.929^{l}	2 038^{l}	2.156^{l}	1.841^{l}
Beurre fabriqué		71 404^{k}18	87.419^{k}	105.447^{k}	96.865^{k} 860	101.121^{k}	97.783^{k} 750	92.969^{k} 500	110.777^{k}25	113.223^{k}	101.404^{k}5(
Prix de ce beurre		175 113 64	»	231.245 27	237 708 82	260.892 18	265.981 04	247.785 77	265.475 69	273.059 84	276.414 3.
Quantité de lait pour faire 1 kilo de beurre		21^{l}331	22^{l}63	21^{l}839	22^{l}435	22^{l}90	23^{l}31	23^{l}19	22^{l}327	22^{l}572	22^{l}744
Prix moyen du kilo de beurre		2 45	»	2.193	2 454	2 58	2 72	2 65	2 401	2 433	2 647
Vaches mortes au 31 décembre		14	10	16	16	24	28	36	20	17	16
Somme retenue aux Sociétaires		3.399 05	2.235 »	3 465 »	2.582 45	4.579 75	4 975 50	6 520 50	4.023 75	4.053 75	3.690 »
Moyenne de l'assurance payée par vache		2 85	1 60	2.475	2 42	3 032	3 36	4 45	2 755	2 70	2 40
Le petit-lait a produit en moyenne par litre		1 049	1 05	1 05	1 08	1 108	1 157	1 169	1 125	1 248	1 377
Les frais généraux s'élèvent par litre à		»	0 009	»	0 0125	0 014	0 0135	0 014	0 0129	0 0137	0 0131
Moyenne du prix du lait payé aux Sociétaires		0 11	0 098	0 094	0 109	0 114	0 118	0 119	0 109	0 1125	0 120

(1) La diminution considérable de la production du lait en 1904, est due, d'une part, à la sécheresse et, d'autre part, à une invasion de campagnols.

mais la première dépense d'installation n'a pas dépassé 65.000 francs, somme qui a été complètement amortie en trois ans. Cette usine diffère de la plupart des autres laiteries par l'existence de porcheries dans lesquelles le petit-lait était utilisé avant l'apparition de l'industrie de la caséine, et où sont consommés actuellement les résidus de fabrication de cette même caséine.

Dans les dépenses d'installation, les porcheries entrent pour 25 à 26.000 francs.

Toujours à l'avant-garde du progrès, la Laiterie de Surgères a donné asile à un pharmacien, pour la préparation du lait stérilisé, puis à des industriels qui sont venus implanter dans les Charentes l'industrie de la caséine, dont la prospérité s'accroît de jour en jour.

Enfin, depuis 1897, la Laiterie de Surgères sert de laiterie modèle et reçoit les employés des sociétés nouvellement créées ou même ceux de laiteries en fondation qui ont besoin de se perfectionner dans leur profession.

P. D.

USINE DE CASÉINE DE SURGÈRES

L'usine de caséine de Surgères a été fondée en 1903.

Actuellement, elle travaille par jour 65.000 litres de lait écrémé.

Cette quantité provient de dix Laiteries coopératives comprenant 7.000 sociétaires environ, qui fournissent annuellement (en moyenne) 22 millions de litres de petit-lait à transformer en caséine.

Dans une annexe de chacune de ces dix Laiteries, est installée la fabrication de la « caillebotte ». Des cuves en bois munies d'un double fond en cuivre et d'agitateurs, assez grandes pour contenir la totalité du petit-lait, servent pour précipiter la caséine à l'aide de la présure, de l'acide ou de la fermentation naturelle. La caillebotte lavée est mise dans des sacs, pressée et expédiée tous les jours à Surgères, où elle est retravaillée, séchée et passée au moulin.

Des séchoirs établis sur le terrain de la Laiterie de Surgères, et une usine qui a été installée cette année et qui est pourvue de ventilateurs et aspirateurs, de canaux de séchage, de filtres-presses, broyeurs, concasseurs, cylindres et bluteries, de cuves à dissoudre, de monte-charge, etc., constituent une installation suffisante pour travailler jusqu'à 100.000 litres de petit-lait par jour.

Quatre générateurs de 75 mètres carrés de surface de chauffe, un fourneau et quatre machines à vapeur de 50 chevaux, avec des wagonnets, des batteries de tuyaux à ailettes, des pompes, bassinoires, fournissent la vapeur et la force motrice nécessaires pour ce travail.

La transformation en farine est faite dans une minoterie voisine.

Soixante employés, dont la moitié à Surgères, la moitié dans les laiteries pour fabriquer et expédier la caillebotte, sont occupés pour faire le travail.

La surface des salles de travail est de 2.000 mètres carrés, dont les deux tiers sont occupés par les séchoirs, moulins et magasins à Surgères, et le reste, dans les laiteries, pour la fabrication de la caillebotte.

Les résidus provenant de la fabrication de la caséine sont laissés gratuitement aux laiteries qui les utilisent pour l'alimentation des porcs. Une partie de ces résidus doit bientôt être employée pour la fabrication du sucre de lait.

Les résultats obtenus par des essais de fabrication de ce dernier produit sont assez satisfaisants pour décider l'installation de cette nouvelle usine pour fabriquer le sucre de lait.

Dr ZIRN.

Société Coopérative de la Laiterie de la Crèche

(DEUX-SÈVRES)

Cette Société, fondée en avril 1893, est une des premières Laiteries coopératives de la région ; elle s'installa

LAITERIE DE LA CRÈCHE. — VUE EXTÉRIEURE

dans l'ancien établissement Magneron dont elle acquit l'immeuble et le matériel pour 30.000 francs, somme couverte par un emprunt à 4 1/2 %, remboursable en cinq années.

Elle ne comptait, à ses débuts, que 200 adhérents, mais grâce à sa bonne administration, grâce au dévouement des membres de son bureau et de son conseil d'administration, grâce surtout à l'autorité si légitime dont jouissait auprès des cultivateurs son président, M. Alexandre Vien, ce nombre s'accrut rapidement : il était de 500 au bout d'une année d'existence, de 620 au bout de deux ans, et enfin de 800 à la fin de la première période quinquennale, c'est-à-dire au 1er avril 1898.

Pendant cette période, elle avait remboursé, intérêts et capital, son emprunt de premier établissement et dépensé en outre 20.000 francs pour agrandissement et augmentation de matériel.

Pendant la seconde période quinquennale, elle consacra encore une nouvelle somme de 20.000 francs en augmentation et amélioration de matériel; néanmoins, elle avait en caisse, à la fin de cette période, une somme de 4.718 francs.

En ces dernières années d'existence, malgré une dépense sans compter les intérêts, de 70.000 francs entièrement remboursés, tout en retournant à domicile le petit-lait de chaque sociétaire, elle avait payé le lait en moyenne 0 fr. 123.

Mais l'ère des difficultés, qui avaient été si grandes au début, commençait à nouveau.

Si le nombre des sociétaires avait augmenté d'une façon constante (il atteignait 900 au 1er avril 1903), le lait travaillé avait augmenté d'une façon bien plus considérable encore ; il n'était guère que de 1.000.000 de litres la première année ; il était de 3.650.000 environ la dixième (1902-1903).

L'eau de source fournie par les puits était devenue insuffisante pour la bonne fabrication du beurre ; l'écoulement des eaux résiduaires contaminait tous les puits d'un quartier de La Crèche, et la situation, s'aggravant sans cesse, une commission d'étude fut chargée de rechercher dans les environs un endroit où l'eau de source de bonne qualité fut en quantité suffisante, et où l'écoulement des eaux de lavage se fit sans danger. A la suite de recherches minutieuses, une réunion générale des sociétaires décida le transfert de l'usine à la source de « Fondlabus », au flanc d'un coteau exposé au nord, tout près de la Sèvre Niortaise, et à deux kilomètres de la gare de La Crèche.

La nouvelle installation coûta 80.000 francs environ, qui doivent être remboursés en dix années.

Mais cette somme de 80.000 francs, au bout de deux années de fonctionnement, se trouve réduite par l'avoir en caisse au 1er avril 1903, 4.718 francs, par la vente de l'ancien immeuble, 13.000 francs, par les retenues mensuelles, 19.822 francs, à 43.000 francs. Malgré ces retenues considérables, le lait a été payé en moyenne 0 fr. 124 pendant l'année 1903-1904, et 0 fr. 132 pendant l'année 1904-1905.

La Laiterie de La Crèche, tout en participant à toutes les expositions collectives de l'Association centrale des Charentes et du Poitou, n'avait jamais exposé individuellement dans aucun concours ; possédant un établissement de tout premier ordre, atteignant aux Halles centrales de Paris des cours très élevés, elle a cru qu'il était temps de sortir de cette réserve, et, en 1905, elle obtint au concours général agricole, une médaille d'argent grand module, et à l'exposition internationale de Liége, un diplôme d'honneur lui fut attribué.

Elle compte aujourd'hui 1.000 sociétaires.

Elle travaille le lait de 2.500 vaches de race parthenaise.

Elle reçoit par jour une quantité de lait qui, en février ou mars, descend quelquefois à 7.000 litres, mais qui, en octobre, s'élève à 14.000.

Ce lait est amené à la laiterie par 21 laitiers, et le personnel intérieur se compose d'un directeur comptable, d'un contrôleur, d'un chauffeur-écrémeur et de deux beurriers ; le directeur et le contrôleur sont seuls logés à l'usine.

Mais, dans une notice aussi courte, nous ne pouvons comme nous le voudrions montrer la prospérité toujours croissante de la Laiterie de La Crèche ; aussi croyons-nous devoir terminer par le tableau suivant donnant depuis sa fondation le lait reçu chaque année, le beurre fabriqué, la moyenne des rendements, le produit net de la vente du beurre, la moyenne du prix du kilo de beurre, ainsi que celle du prix du litre de lait payé aux sociétaires.

Ces chiffres scrupuleusement exacts, peuvent, à notre avis, se passer de tout commentaire.

Résumé historique

I. — MATÉRIEL

La Société de Laiterie coopérative d'Echiré, fondée en 1894, commença à fonctionner le 11 juin. Elle succédait à une laiterie particulière installée en 1891 dans un moulin à farine, sur la Sèvre, par M. du Dresnay. Elle dispose d'une eau de source abondante et bonne. Le propriétaire loua l'immeuble pour 18 ans à la Société, qui lui acheta son matériel. Elle eut le droit de transformer les bâtiments loués, d'en construire de nouveaux, et s'installa avec une dépense initiale de 18.562 francs et 361 sociétaires.

Pendant la 1re *année*, sont ajoutés au matériel : un bassin de délaitage, un réchauffeur à lait (plans inclinés, vapeur sèche, Duvert, mécanicien à Niort), une écrémeuse Laval, une baratte Chapelier, un bassin de lavage des bidons.

La 2e *année* : Substitution à la méthode Adam employée au début pour les analyses pratiques des laits douteux, de l'appareil acido-butyrométrique du docteur Gerber.

3e *année*, 1896-97 : Constitution d'une caisse de secours contre les accidents. Cette caisse fonctionne jusqu'en 1898, où la loi nouvelle impose l'assurance.

Laiterie de La Crèche. — Vue intérieure

ANNÉES	LAIT REÇU	BEURRE produit	Rendements moyens	Prix obtenus	Prix moyens du kilog. net	Prix du litre de lait
	litres	kilog.	litres	fr.	fr. c.	fr. c.
1893-1894	1.291.944	63.337	20.39	184.036	2 90	» 13
1894-1895	2.299 429	112.639	20.27	279.132	2 45	» 115
1895-1896	2.489 906	123.195	20.25	318.240	2 59	» 115
1896-1897	2.803.479	144.287	19.44	376.410	2.62	» 118
1897-1898	3.000.847	155.937	19.17	370.633	2 40	» 11
1898-1899	2.893.012	148.122	19.43	393.359	2 66	» 12
1899-1900	2.907.289	151.711	19.16	420.332	2 77	» 128
1900-1901	2.870.555	149.037	19.26	453.677	3 05	» 145
1901-1902	3.245.029	172.195	18.84	500.253	2 91	» 137
1902-1903	3.649.693	197.716	18.45	528.975	2 68	» 13
1903-1904	3.934.468	208.213	18.90	552.603	2 65	» 124
1904-1905	3.371.258	177.445	19 »	505.463	2 85	» 132
TOTAUX...	34.756.909	1 803.834	. . . .	4.883.113	. . .	. . .
MOYENNES.	. . . . . .	. . . . .	19.38	. . . . .	2 71	» 125

Le Directeur de la Laiterie de La Crèche,

J. TROUBÉ.

4e *année,* 1897-98 : Achat d'une écrémeuse Alexandra ; emploi de glace pour réfrigérer les beurres avec chambre isolante, installation d'un réchauffeur tubulaire au bain-marie (système Valentin, gérant-comptable, construit par M. Timorès, ferblantier à Echiré).

5e *année,* 1898-99 : Remplacement de la baratte Chapelier par la baratte Simon ; installation de tuyaux à ailettes pour le chauffage des salles en hiver.

6e *année,* 1899-1900 : Installation d'un réfrigérant à crème sous chaque écrémeuse.

7e *année,* 1900-1901 : Point culminant de nos améliorations de matériel : Ecrémeuse Alfa-Laval ; appareil laveur stérilisateur de bidons, système Joly, de Parthenay; installation frigorifique, système Hall,à acide carbonique.

8e *année,* 1901-1902 : Construction d'une salle de délibérations ; transformation en Alfa de la deuxième Laval ; acquisition d'une pompe pour nettoyage de la machine à vapeur ; nouveaux tuyaux de vapeur à ailettes ; peinture à l'émail de nos salles de fabrication ; changement du bois de la baratte.

10e *année,* 1903-1904 : Remplacement de la chaudière (10 chevaux) par une neuve (18 chevaux) ; installation d'appareils de détrartrage pour l'eau d'alimentation du moteur ; d'un monte-lait automatique (Joly, de Parthenay) ; de deux ventilateurs pour l'aération des salles ; d'un réchauffeur neuf (perfectionnement du 1er type Valentin-Timorès).

11e *année,* 1904-1905: Changement du bois de la baratte; installation d'un appareil à filtrer l'eau pour le lavage du beurre ; installation d'une troisième écrémeuse Alpha-Laval.

Enfin, au commencement de la 12e *année* : Remplacement du dallage en ciment par des pavés de grès (Pont-Sainte-Maxence) ; installation, autour des murs de nos salles de fabrication, d'un soubassement de 1 m. 20 de hauteur en plaques d'opaline (Saint-Gobain).

Pour couvrir nos dépenses, le capital initial seul a été l'objet d'un emprunt. Toutes les autres ont été payées comptant à l'aide d'un prélèvement sur les recettes des premiers jours du mois, dont nous n'avons pas besoin pour la paie mensuelle qui se fait après le 10, et qu'on reporte ensuite sur les mois suivants, diminué graduellement jusqu'après amortissement complet de la dépense. Cela évite un emprunt onéreux et permet une grosse dépense sans affecter sensiblement le prix mensuel du lait.

II. — PERSONNEL

Le personnel employé à la fabrication se compose de : un chauffeur, deux beurriers, un contrôleur, un gérant-comptable directeur du travail. Le personnel de ramassage est actuellement de treize laitiers. Un voiturier spécial est chargé du transport des beurres à la gare d'Echiré pour Paris et à Niort pour la clientèle urbaine, ainsi que de tous autres transports. Tous sont intéressés au bon fonctionnement par le système suivant : Le traitement mensuel se compose : 1° D'une part fixe, environ deux tiers ; 2° D'une part proportionnelle aux résultats, laquelle s'obtient par l'addition au fixe de 1 franc par 1.000 kilos de beurre fabriqué et 1 franc par 1.000 francs sur le produit net des recettes, c'est-à-dire déduction faite des frais ordinaires de fabrication. Le personnel tout entier est donc intéressé : 1° A faire le meilleur beurre possible ; 2° A en faire le plus possible ; 3° A dépenser le moins possible. De plus, un traitement minimum leur est garanti. Ce minimum a toujours été dépassé.

Le Président,

D. SAGOT.

I. — SITUATION ANNUELLE DES SOCIÉTAIRES ET DU COMPTE FINANCIER

ANNÉES Situation au	Nombre de sociétaires	Nombre de vaches	Capital emprunté ou prélevé sur nos dépôts mensuels à la Société générale	ugmentation du matériel	Actif brut	Amortissemts augmentation du matériel ou disponibilités	Passif	Actif net ou dépenses faites et payées	ANNÉES Situation au 31 Mai
11 juin 1894 (début)	361	»	15.070f » (emprunté)	3.491f »	18.561f »	»	»	»	»
31 mai 1895	511	1.452	»	3.430 30	21.991 30	6.131f 41	15.859f »	6.131f 41	1895
31 mai 1896	583	1 537	»	1.516 95	23.782 11	7.380 70	10.270 »	13.512 11	1896
31 mai 1897	612	1 638	»	1 025 75	25.024 06	3.142 80	7.720 »	17.304 06	1897
31 mai 1898	637	1.718	»	1 400 »	26.425 70	3.994 76	5.220 »	21.205 73	1898
31 mai 1899	649	1.728	»	698 15	27.032 08	2.736 38	2.718 »	24.314 08	1899
31 mai 1900	675	1.755	»	413 »	27.527 78	3.068 21	»	27.527 18	1900
31 mai 1901	692	1.762	glacière 10.727 05 (prélevé)	2.137 72	40.044 90	4.168 31	8.394 34	31.695 56	1901
31 mai 1902	708	1.816	»	4.357 85	44.402 75	9 682 44	3.024 75	41 378 »	1902
31 mai 1903	728	1.819	»	4.071 47	51 928 44	7.525 69	»	51.928 44	1903
31 mai 1904	747	1 827	chaud. et divers 13.640 98 (prélevé)	9.051 69	66.867 86	11.180 13	3.759 29	63.108 57	1904
31 mai 1905	761	1 834	»	1.418 99	69.114 01	6.005 44	»	69.114 01	1905

II. — MOUVEMENT DE LA FABRICATION

RECETTES

ANNÉES	Lait en litres	Beurre en kilos	Rendement moyen en litres pour un kilo de beurre	Produit du beurre	Prix moyen du kilo	Bons de lait	Recettes div^{ses} mi-es d'entrée retenues e fractions, etc.	Recettes totales
1894-1895..	1.419.140l 5	73.231k 250	19l 37	176.566f 70	2f 41	1.122f 25	1.442f 62	179.133 57
1895-1896..	1.921.367 »	97 927 »	19 62	217.168 10	2 52	1.664 01	1 474 68	250.303 79
1896-1897..	1.998.378 5	101.775 750	19 63	263.786 14	2 59	2.213 42	1 479 65	267.479 21
1897-1898..	2.233.593 »	110 522 750	20 20	288.743 19	2 618	2.450 65	1.175 50	292.369 34
1898-1899.	2 152 770 5	105 618 500	20 38	284.456 72	2 693	2.208 »	737 08	287.401 80
1899-1900..	2.108.153 5	104.075 500	20 25	308.944 64	2 968	2.950 50	1.870 34	313.765 48
1900-1901..	1.972.835 5	97.822 750	20 16	321.915 36	3 290	1.363 80	2.446 7325	325.725 8925
1901-1902..	2.433.648 »	126.608 750	19 22	394.781 34	3 118	»	1.897 68	396.682 02
1902-1903..	2.748.402 »	141 232 500	19 45	426.496 77	3 019	»	1.670 11	428.166 88
1903-1904..	3.217.321 »	164.501 »	19 55	468.027 61	2 845	»	2.466 25	470.493 86
1904-1905 .	2.777.420 5	139.893 »	19 55	434.830 93	3 108	»	2 376 2325	437.207 1625
TOTAUX...	24.903.030 »	1.263.2.8 750	......	3 615.720 50	...	13.972 60	19.038 8750	3.648.732 0050
MOYENNES.	....	....	19 77	....	2 862	.....	....	....

DÉPENSES

ANNÉES	FRAIS DE FABRICATION: Salaires du personnel intérieur	FRAIS DE FABRICATION: Salaires du personnel intérieur laitiers, etc.	FRAIS DE FABRICATION: Assurances loyers, entretien charbon calicots, papiers paniers huile, etc.	FRAIS DE FABRICATION: Total des frais de fabrication	Prix de revient du kilo de beurre fabriqué	Paiement des bons de lait	Paiement du lait aux sociétaires	Dépenses totales	Excédents ou déficits	Prix du litre de lait payé aux sociétaires
1894-1895..	»	21.929f 30	3.565f 45	25.494f 75	0f 348	1 007f 34	149.726f 18	177.674f 97	+ 1 458 60	0f 1050
1895-1896..	»	»	»	25 774 75	0 267	1.506 07	214 840 16	243.607 73	+ 6.699 06	0 1120
1896-1897..	»	»	»	32.470 45	0 318	2.156 41	229.710 87	264.337 73	+ 3 141 48	0 1149
1897-1898 .	»	»	»	31 718 94	0 286	2 230 33	253.819 86	289 169 13	+ 3.200 21	0 1136
1898-1899..	4.824f 90	17.656 70	11.426 47	33.908 02	0 321	2 252 46	248 387 14	285.245 77	+ 2 156 03	0 1155
1899 1900..	5.117 35	18.070 75	12.296 35	35 484 45	0 340	3.(63 36	271 510 04	310 695 85	+ 3 069 63	0 1288
1900-1901..	5 432 20	18.262 20	13.206 10	36 900 50	0 377	1.595 87	283 229 04	323 945 51	+ 1.780 38	0 1435
1901-1902..	5.890 80	19.487 80	13.351 06	38.729 66	0 305	0 84	348.725 94	388.768 06	+ 7.913 96	0 1433
1902-1903.	6 028 45	19.904 60	13.393 58	39.326 63	0 278	»	381 326 56	421.443 81	+ 6.723 07	0 1387
1903-1904..	7.326 30	22.586 35	17.005 43	46.918 08	0 285	»	417 178 31	464.096 39	+ 6.397 47	0 1296
1904-1905..	7.297 65	22.003 45	15.943 12	45.244 22	0 323	»	385 970 61	431.214 83	+ 5 992 33	0 1389
MOYENNES.	.....	......	......	......	0.313	.....	......	....	....	0 1258

LAITERIE COOPÉRATIVE DE DANGÉ

Implantée dans une région où l'on n'avait aucune idée de la coopération, la Laiterie de Dangé a dû passer par des situations difficiles et n'en est sortie que grâce à l'énergique volonté de son fondateur, M. Jupin.

Convaincre les cultivateurs des avantages d'une chose complètement inconnue d'eux est un problème d'autant plus difficile qu'il faut compter avec les susceptibilités des uns et parfois la jalousie des autres.

Décidée en avril 1897, c'est le 1er juin de la même année que commencèrent les travaux et, en trois mois, tout fut terminé, de sorte que l'usine put fonctionner le 1er septembre 1897.

Les débuts furent extrêmement difficiles ; la faible quantité de lait ramassée et des frais généraux relativement très élevés mirent la caisse en déficit, car il fallait payer quand même le lait un prix raisonnable (0 fr. 10 le litre) pour attirer les cultivateurs incrédules ou méfiants. Et, pour comble de malheur, la production laitière était élevée en 1897 et les cours du beurre très bas (220 francs les 100 kilos aux Halles de Paris).

Le déficit fut de 8.000 francs le premier mois, de 6.000 francs le deuxième et de 1.500 francs le troisième. Mais le quatrième, décembre, s'équilibre et même laisse un petit reliquat. La confiance des cultivateurs dans le succès de la coopérative s'accroît de jour en jour, la quantité de lait augmente et enfin la situation est sauvée !

En un an, le déficit des premiers mois est comblé. Mais, par suite de la concurrence avec une laiterie industrielle déjà ancienne, il faut créer, à 2 kilomètres, à Barrou, une station d'écrémage dont l'installation faite en 1900 coûte 20.000 francs, ce qui porte à 96.000 francs la dépense totale. Le mouvement est donné. Tous les cultivateurs adhèrent à la coopérative, si bien qu'en 1902 la totalité du premier emprunt, 76.000 francs, est remboursée. Il a fallu considérablement agrandir la station d'écrémage de Barrou, qui a reçu jusqu'à 12.000 litres de lait par jour, et trans-

LAÏTERIE DE DANGÉ

former la Laiterie centrale de Dangé. Les dépenses peuvent se décomposer ainsi :

Première installation, Dangé. . . . . . Fr.	76.000
Perfectionnements, machine à glace, écrémeuses, etc.	20.000
Station d'écrémeuse de Barrou	25.000
Transformation complète de Dangé en 1905.	40.000
Total. . . . . Fr.	161.000

La Laiterie coopérative de Dangé compte 1.100 sociétaires et 4.300 vaches. C'est la plus importante des Laiteries coopératives syndiquées au point de vue du volume de lait travaillé dans l'année. Il y a un mois, elle recevait par jour 25.000 litres.

Mais l'augmentation du volume de lait a une conséquence désastreuse au point de vue du rendement. On abandonne de plus en plus la vache parthenaise, excellente beurrière, pour les vaches normandes ou croisées, qui donnent plus de volume, mais un lait plus pauvre en beurre. Aussi, à partir de cette année, le Conseil d'administration de la Laiterie coopérative de Dangé a décidé de donner des primes en argent aux fournisseurs de laits riches et de faire des retenues à ceux qui donnent des laits maigres.

Le tableau ci-dessous résume les opérations de la Laiterie coopérative de Dangé depuis sa fondation jusqu'à la fin de l'année 1904.

ANNÉES	LITRES de lait	KILOGR. de beurre	RENDEMENT en litres	RECETTES	PRIX moyen du kilogr. brut)
1898	2.257 037l	111.987k500	20l 15	287.662f 43	2f 73
1899	2 788 005	134.789 750	20 53	364 670 90	2 73
1900	2 786 069	135 878 750	20 34	384.431 59	2 85
1901	3.453 935	167.256 750	20 46	452.120 26	2 76
1902	4 398.629	214 69[illegible] 000	20 55	531 639 64	2 54
1903	5 622 320	272 517 750	20 57	652.055 70	2 44
1904	5.944 759	282.655 000	21 003	746 295 46	2 64

NOTA. — Le prix net du kilogr. de beurre est d'environ 0 fr. 35 inférieur au prix brut.

ALIMENTATION DE L'ENFANCE

Une des Sections du 2e Congrès International de Laiterie qui réuniront le plus de personnes sera certainement celle ayant trait au lait destiné à l'enfance, à l'allaitement fait par la mère ou la nourrice et à l'allaitement artificiel. On ne manquera pas non plus de parler à cette manifestation de la question du lait ajouté à des bouillies légères qui sont nécessaires aux enfants à partir de l'âge de six à sept mois ; arrivés à cette période, en effet, les bébés ne se contentent plus du lait de la mère ou de la nourrice, et leur organisme ne considère plus comme assez substantiel le lait quelle que soit sa qualité, sa composition la plus parfaite. Il faut à l'enfant à partir de l'âge que nous venons de citer une alimentation plus nutritive ; tout le monde s'accorde à le reconnaître. L'enfant rentre dans ce qu'il est permis d'appeler la *première croissance* ; ses muscles, sa charpente osseuse commencent à se former, ses organes vibrent plus qu'auparavant, et de plus en plus ses tissus se complètent ; il est donc nécessaire que la nourriture qu'on lui donne soit plus en rapport avec l'accroissement de sa vitalité et avec sa déperdition cutanée. Cette nourriture se compose surtout de bouillies faites avec des farines sélectionnées, stérilisées et d'une digestibilité qui doit être parfaite, condition trop souvent méconnue et dont la méconnaissance entraîne la mort de milliers de pauvres petits êtres ; de nombreux témoignages de médecins autorisés l'attestent.

Cette question, d'une très haute portée au point de vue humanitaire et social, a préoccupé depuis longtemps les *véritables* philanthropes, mais sa résolution soulève des problèmes très complexes ; elle n'a pu être mise au point que par de longues recherches, par des travaux patients qui ont conduit à l'obtention de divers produits satisfaisants au point de vue purement chimique, mais non au point de vue physiologique ; un seul, la PHOSPHATINE FALIÈRES, a triomphé : l'estomac si délicat des nourrissons l'assimile en totalité, et il est accepté avec avidité. Cherchons-en la raison principale dans sa composition élémentaire :

1° *Farines méticuleusement choisies et étuvées à des températures suffisamment élevées pour les solutiliser partiellement et pour détruire tous les germes d'altérations, si communes dans les «poudres commerciales»*; — 2° *Sucre*; — 3° *Cacao et phosphate bicalcique unis dans des proportions telles qu'une cuillerée à bouche contient* vingt *centigrammes de phosphate de chaux* absolument assimilable.

La formation de la charpente osseuse et de la dentition sont forcément assurés *a priori* par l'emploi de cet aliment. Mais que dit l'expérience? Rappelons à ce sujet les conclusions d'une étude magistrale du Professeur O. Liebreich :

« On voit par les chiffres (*d'analyse*) qui précèdent qu'avec le lait l'assimilation de l'acide phosphorique s'est élevée à 51,48 % ; avec le phosphate de chaux de la pharmacopée à 24,83 % ; avec la préparation de Falières à 48,3 %. Le PHOSPHATE FALIÈRES se rapproche donc du coefficient d'assimilation du lait.

« Si, maintenant, on tient compte de ce fait que de faibles quantités produisent une meilleure assimilation, la concordance entre l'utilisation du lait et celle du PHOSPHATE FALIÈRES, pris à doses relativement faibles, peut devenir plus grande encore. C'est donc la PHOSPHATINE FALIÈRES qui fournit à l'organisme enfantin ce phosphate spécial à doses minimes mais suffisantes. Et puisqu'elle contient également toutes les autres substances nécessaires à l'alimentation elle peut être considérée comme répondant parfaitement au but poursuivi. »

La chimie, l'expérience du laboratoire, et — ce qui intéresse beaucoup plus les mères de familles — la *pratique de l'alimentation* sont d'accord : la RATION DE L'ENFANT est rendue COMPLÈTE par l'usage de la PHOSPHATINE FALIÈRES, dont l'emploi très économique est facile à conduire.

COURBEVOIE
CLICHY
NEUILLY
PANTIN
LE PRÉ ST GERVAIS
LES LILAS
ISSY
VANVES
MALAKOFF
MONTROUGE
CHARENTON

POUR CAUSE DE DÉCÈS

Aux portes d'une grande ville du midi de la France, belle ferme laitière, 65 hectares terres de meilleur fond, pour Céréales, Primeurs, Fourrages, Prairies; 8 hectares Vignes, eau en abondance, petite rivière. Moulins à vent et à eau, Electricité et Eau dans tous les services, installations et matériel modernes tout neufs, belles écuries, installation modèle de **A. Gaulin,** magasin de vente à la ville.

Grande maison luxueuse et confortable, beau parc.

Affaire de haute garantie et d'excellente réputation.

Bénéfices importants à augmenter par l'extension facile, prouvée par des documents officiels.

A CÉDER de suite ou à former Société Agricole.

Renseignements et Inscription, chez **M. Edmond PLATEAU,** Chevalier du Mérite Agricole, Administrateur de Propriétés, 20, rue de Saint-Mandé, à *Saint-Maurice* (SEINE).

www.ingramcontent.com/pod-product-compliance
Lightning Source LLC
LaVergne TN
LVHW020409230826
846091LV00004B/1205
9782016194461